Dorle Stern-Straeter

Quilts

BERGTOR VERLAG

Herausgeber und Lektorat: BERGTOR VERLAG GmbH, Grünstadt
Übersetzung:
Englisch: Astrid Reck, Französisch: Danielle Hsiung
Fotos: Wolfgang Zuppée, Heinz-Dieter Meier und Patricia Fliegauf
Satz und Reproduktion: Satz & Service, Filderstadt
Druck: Druckerei & Verlag Steinmeier, Nördlingen

ISBN 3-9806815-0-5

Inhalt

Contents

Sommaire

Danksagung

Sehr herzlich danke ich allen, die am Zustandekommen dieses Buches beteiligt waren, besonders meinem Freund Klaus Meyer für seine großzügige finanzielle Hilfe. Ohne ihn gäbe es dieses Buch heute nicht.
Ich danke meinem Mann Uwe und meiner Tochter Grit für ihre jahrelange Geduld und Unterstützung meiner Arbeit.
Danke auch an Michael James für das Vorwort, an meine Lektorin und Übersetzerin Astrid Reck, meine Übersetzerin Danielle Hsiung und meine Fotografin Patricia Fliegauf, die mir eine großartige Hilfe waren.
Und besonders möchte ich hier meine Quilt-Freundinnen erwähnen:
Erika Odemer, Rosemarie Graubner, Dörte Bach, Ruth Eissfeldt, Inge Hueber, Schnuppe von Gwinner, Irene Kahmann, Hildegard Braatz, Heide Stoll-Weber, Gül Laporte und Orna Roglit sowie zahlreiche andere, die sich immer die Zeit nahmen, mir zuzuhören und zu raten.
Diese Freundschaften in einem gemeinsamen Interesse über alle Grenzen hinweg haben mein Leben sehr bereichert.

Acknowledgments

My deepest thanks to all who have helped make this book come true. A special thanks goes to my friend Klaus Meyer for his generous financial help. Without him this book would not have been possible.
I thank my husband Uwe and my daughter Grit for their patience and support of my work through the years.
I also thank Michael James for his preface to this book, my editor and translator Astrid Reck, my translator Danielle Hsiung and my photographer Patricia Fliegauf, who have been of immense help.
I especially want to mention my quilting friends:
Erika Odemer, Rosemarie Graubner, Dörte Bach, Ruth Eissfeldt, Inge Hueber, Schnuppe von Gwinner, Irene Kahmann, Hildegard Braatz, Heide Stoll-Weber, Gül Laporte and Orna Roglit and many others who always took the time to listen and make suggestions. These friendships with a shared interest that rises above boundaries have very much enriched my life.

Remerciements

Je remercie sincèrement tous ceux qui ont permis la réalisation de ce livre, et particulièrement mon ami Klaus Meyer pour son aide financière très généreuse. Sans lui ce livre n'aurait pas vu le jour. Je remercie mon mari Uwe et ma fille Grit de leur patience et de m'avoir soutenue dans mon travail pendant des années.
Je remercie également Michaël James pour sa préface, Astrid Reck pour ses corrections et sa traduction, Danielle Hsiung pour sa traduction, et Patricia Fliegauf pour ses photos;
Ils m'ont été d'une aide très précieuse. J'aimerais mentionner ici plus particulièrement mes amies quilteuses:
Erika Odemer, Rosemarie Graubner, Dörte Bach, Ruth Eissfeldt, Inge Hueber, Schnuppe von Gwinner, Irene Kahmann, Hildegard Braatz, Heide Stoll-Weber, Gül Laporte et Orna Roglit ainsi que les nombreuses personnes qui ont toujours pris le temps de m'écouter et de me conseiller.
Ces amitiés au-delà des frontières ont profondément enrichi ma vie.

Vorwort

von Michael James

Als Lehrer versuche ich immer, einen Schüler nicht in eine bestimmte Richtung zu lenken. Ich überlege mir nicht, wie sich die Arbeit eines Schülers entwickeln sollte. Es gibt unendlich viele Möglichkeiten, deshalb kann keiner sagen, welcher Weg der beste ist. Jeder Künstler muß seine eigene Richtung finden.

Ich fordere meine Schüler gerne heraus, über das Bekannte oder das Vorhersagbare hinaus zu denken.

Ich möchte ihnen dazu verhelfen, visuelle Beziehungen in einer Design-Oberfläche oder einer zweidimensionalen Komposition wahrzunehmen. Wenn sie das einmal geschafft haben, helfe ich ihnen, diese Beziehungen sowohl auf ihren symbolischen Wert als auch auf ihre Designqualität hin zu analysieren. Das muß jeder Künstler, der visuell arbeitet, zu allererst lernen, um eine persönliche Vision ausdrücken und Werke von hoher Originalität und Klarheit schaffen zu können.

Jeder Workshop, den ich halte, ist voller Menschen, die vollkommen unterschiedliche Persönlichkeitsstrukturen, Charakterzüge, Hintergründe und Lebensläufe haben. Diese Mannigfaltigkeit macht solch einen Workshop nicht nur für die Schüler zu einem Unterrichtserlebnis, sondern auch für mich. Am leichtesten fällt es mir auf Schüler einzugehen, deren Enthusiasmus ansteckend wirkt. Diese stellen normalerweise eine Menge interessanter Fragen, die oft als humorvolle Äußerungen getarnt sind. Sie stürzen sich kopfüber in ihre Arbeit, ohne dabei Angst vor Versagen zu zeigen, sprechen offen über ihre Gefühle und reagieren auf

Preface

by Michael James

As a teacher I always try to avoid leading a student in a specific direction. I have no idea where a particular student should go with her work. There are limitless possibilities, so no one can tell someone else which route is best. Every artist has to map her own direction.

I like challenging my students to think beyond the familiar or the predictable. My goal is to help them to perceive visual relationships in a design surface or in a two-dimensional composition. Once identified, I help students analyze them for their symbolic value as much as for their design value. This is something that every visual artist must learn to do at the basic level in order to express a personal vision and to create works that speak with originality and clarity.

Every workshop I teach is filled with a wide range of people whose personalities, character traits, backgrounds and personal agendas differ greatly. This diversity makes the class as much an education for me as for the student. I respond best to individuals whose enthusiasm is infectious. They're usually the ones who ask a lot of thoughtful questions that are often disguised by humorous turns of phrase. They plunge headlong into their work without any visible fear of failing and openly express their feelings and reactions to their own and to classmates' works when we mount student projects for discussion. These students contribute as much as they take away from the workshop, making it a richer experience not only for the participants but also for the teacher.

I am lucky to have been chal-

Préface

de Michaël James

En tant qu'enseignant, j'ai toujours essayé de ne pas orienter mes élèves dans une direction déterminée. Le travail d'un élève peut évoluer de multiples façons; de ce fait, nul ne peut déterminer un chemin pour l'artiste. Chacun doit trouver son expression personnelle. J'incite volontiers mes élèves à dépasser les cadres habituels et à penser au-delà du prévisible.

Il est important d'aider les elèves à percevoir les liens visuels d'une surface ou encore d'une composition bi-dimensionnelle.

Arrivés à ce stade, j'essaye d'aider chacun à analyser ces liens en fonction de leur valeur symbolique et de leur qualité «design».

Chaque artiste devra acquérir ce regard afin de pouvoir exprimer une vision personnelle et créer des oeuvres empreintes d'originalité et de clarté.

A chaque stage que j'anime, participent des personnes qui viennent d'horizons divers, avec des personnalités et des biographies très variées. Cette diversité constitue un plus, ainsi le stage devient un véritable événement pour les participants et pour moi-même.

Il est intéressant pour moi de répondre à l'enthousiasme de certains élèves.

Leurs questions, le goût et l'audace pour le travail, les sentiments qui les animent, autant de facteurs qui favorisent l'échange lorsque les élèves sont invités à discuter leurs travaux.

Il s'agit bien d'un enrichissement mutuel, aussi bien pour les élèves que pour le professeur.

En effet, j'ai souvent eu la joie d'être mis au défi par des élèves désireux d'approfondir tous les

ihre eigenen Arbeiten oder die ihrer Mitschüler, wenn sie zur Diskussion gestellt werden.
Diese Schüler tragen ebensoviel zum Unterricht bei wie sie mitnehmen und bereichern dadurch die Lernerfahrung sowohl der Mitschüler als auch des Lehrers. Ich hatte schon oft das Glück, von solchen Schülern herausgefordert zu werden, die jeden einzelnen Workshopaspekt zu einem Maximum an Lernerfahrung werden lassen.
Meine größte Genugtuung als Lehrer empfinde ich jedoch, wenn ich die künstlerische Entwicklung zahlreicher Schüler im Laufe der Zeit beobachte, deren Namen zu einem Begriff in der Quiltwelt geworden sind. Der Gedanke, daß unsere gemeinsame Workshoperfahrung zu ihrem Erfolg beigetragen hat und ihnen in ihrem künstlerischen und beruflichen Leben weitergeholfen hat, gefällt mir.
Eine dieser begnadeten und hart arbeitenden früheren Schülerinnen ist Dorle Stern-Straeter. In relativ kurzer Zeit wurde Dorle zu einer der aktivsten und bekanntesten Quilterinnen, die sich für die Anerkennung von Quilts als eigener Kunstform in ihrer Heimat Deutschland einsetzt. Dort und in vielen anderen Ländern Europas hat sie unermüdlich gewirkt, um Patchwork und Quilten bekannter zu machen und den Quilt als akzeptiertes Medium künstlerischen Ausdrucks zu etablieren.
Ihr Werk hat eindrucksvolle Metamorphosen vollzogen. Von ihren frühen Kurvenquilts zu einer Reihe von architektonischen Phantasien hin zu ihren Crazy-Kompositionen, die ihr Markenzeichen wurden, und schließlich zu ihren neueren Experimenten mit sanften Farbverläufen, hat Dorle gezielt die Möglichkeiten des Mediums

lenged by many of these students who maximize every aspect of the workshop experience.
But my greatest satisfaction as a teacher has been to see the artistic development over time of numerous students whose names have become household words in the quilt world. I like to think that some of our workshop encounters have contributed to their success and have helped them map out their artistic as well as their professional lives.
One of those gifted and hardworking former students is Dorle Stern-Straeter. In a relatively short time Dorle has become one of the most active and visible proponents of the quilt as an art medium in her native Germany. There and in many other parts of Europe she has worked tirelessly to broaden the audience for patchwork and quilting and has helped to establish the quilt as an accepted medium of artistic expression.
Her work has undergone striking metamorphoses. From the early curved-seam constructions to a series of architectural fantasies to the fractured/faceted compositions that became her signature style and finally to her more recent experiments with soft tonal gradations, Dorle Stern-Straeter has determinedly explored the possibilities inherent in the medium. Her dedication to the art quilt form reflects a conviction shared by many quilt enthusiasts that patchwork can be as fulfilling and as rewarding as more conventional artistic media.
It's always rewarding when former students such as Dorle shine artistically and professionally. Their motivation and ambition pushes them to do the work even in the absence of a

aspects d'un enseignement.
Ma satisfaction est très grande quand il m'est possible de suivre leur évolution et leur développement artistique ainsi que leur accès à une renommée dans le domaine du quilt. C' est un sentiment très agréable pour moi que d' avoir contribué au développement de leur expérience artistique et professionnelle.
Une de ces anciennes élèves est Dorle Stern-Straeter. Très rapidement, Dorle est devenue une quilteuse reconnue, de plus, elle a activement contribué à faire reconnaître le quilt comme expression artistique dans son pays natal, l'Allemagne.
Pionnière infatigable, elle a travaillé dans plusieurs pays d'Europe afin d'établir l'art du patchwork et du quilt.
Son oeuvre a connu des métamorphoses impressionnantes; elle a commencé avec des quilts à base de courbes, puis des créations architecturales jusqu'aux «crazy» qui sont devenus sa griffe. Dans ses créations plus récentes, elle utilise un jeu subtil de couleurs qui témoignent bien des richesses et possibilités de cet art.
Le quilt comme expression artistique est une conviction partagée par de nombreuses personnes qui affirment que le patchwork est un art au même titre que les expressions artistiques plus conventionnelles.
La motivation de Dorle était telle que la présence d'un mentor à ses côtés n'était pas indispensable, ce qui montre que c'est bien la passion de l'art, un travail et un engagement constants qui participent au développement de l'artiste.
Dorle est habitée par cette passion et son oeuvre le révèle.

erforscht. Ihre Hingabe an die Form des Kunstquilts spiegelt die Überzeugung vieler Quilt-enthusiasten wider, daß Patchwork ein ebenso erfüllendes und dankbares Medium wie die konventionelleren Kunstformen ist. Es ist immer befriedigend, wenn ehemalige Schülerinnen wie Dorle künstlerisch und beruflich herausragen.
Ihre Motivation und ihr Ehrgeiz treiben sie zur Arbeit an, auch wenn kein Lehrer oder Mentor neben ihnen steht, was letztendlich beweist, daß Klassenzimmerbegegnungen möglicherweise weniger mit der Entwicklung eines Künstlers zu tun haben als die Leidenschaft, die harte Arbeit und Einsatz vorantreiben. Dorle Stern-Straeter wird von dieser Leidenschaft angetrieben. Das ist in ihrem Werk erkennbar.

Michael James hält häufig Farb- und Designworkshops sowohl in den USA, wo er lebt, als auch im Ausland. Sein Werk ist dokumentiert in *Michael James Art & Inspirations,* erschienen 1998 bei C&T Publishing Co. Sein Werk war Thema einer 25-jährigen Retrospektive im Museum of the American Quilter's Society im Frühjahr 1999.
Er hat zahlreiche Preise und Auszeichnungen erhalten und seine Werke sind in solch renommierten Sammlungen wie dem American Craft Museum in New York City und dem Smithsonian Institut in Washington, DC vertreten.

teacher or a mentor, proving ultimately that classroom encounters may have less to do with an artist's development than the passion that fuels hard work and commitment. Dorle Stern-Straeter is fired by that kind of passion. You can see it in her work.

Michael James leads frequent color and design workshops both in the United States where he makes his home and abroad. His work is documented in *Michael James Art & Inspirations* published in 1998 by C&T Publishing Co. and was subject of a twenty-five year retrospective exhibition at the Museum of the American Quilter's Society in the spring of 1999.
He is a recipient of numerous awards and grants, and his work is included in such prestigious collections as the American Craft Museum in New York City and the Smithsonian Institution in Washington, D.C.

Michaël James anime régulièrement des stages sur la couleur et le design aux U.S.A. où il réside mais aussi à l'étranger.
Son oeuvre est publiée sous le titre *Michael James Art & Inspirations,* C&T Publishing Co. Au printemps 1999, le Museum of the American Quilter's Society a présenté une rétrospective de son oeuvre s'étalant sur 25 ans.
Ses oeuvres ont reçu de nombreux prix et distinctions, et sont exposées dans des collections prestigieuses comme l'American Craft Museum à New York et le Smithsonian Institut à Washington, DC.

Einführung

Meine Mutter legte den Grundstock für meine heutige Arbeit. Ich wuchs in einem Pfarrhaus in Baden-Württemberg als Älteste von vier Schwestern und einem Bruder auf. So lange ich denken kann, bastelten wir zuhause und machten Dinge mit der Hand.
Mein Vater dagegen ging mit uns Kindern in Museen und alte Kirchen, und wir mußten - manchmal mit Widerwillen - lange Vorträge über Kunst und Geschichte über uns ergehen lassen. Es hat trotzdem gefruchtet! Eine Schwester hat später Kunst studiert, worum ich sie beneidete, aber sie war wohl die Begabtere. Ich interessierte mich schon immer für moderne und alte Kunst und besuche auch heute noch Ausstellungen und Museen, wann immer ich kann.
Leider bekam ich nur eine kaufmännische Ausbildung, aber nebenher nähte, handarbeitete, strickte und stickte ich. Eine Zeitlang machte ich für eine Kinderboutique Kleidung, auch schon einmal Patchwork, aber damals kannte man diese Bezeichnung noch nicht.
Mit 16 lernte ich meinen späteren Mann Uwe kennen, mit dem ich auch heute noch zusammen bin.
Mit 18 zog es mich ins Ausland und ich ging für ein Jahr nach Großbritannien als Au-Pair-Mädchen, um Englisch zu lernen. Als ich 24 Jahre alt war, heirateten Uwe und ich und vier Jahre später wurde unsere Tochter Grit geboren, die ein Einzelkind blieb.
Die Familie und der Beruf haben mich glücklich gemacht, aber es fehlte da immer etwas, das mich wirklich befriedigte und begeisterte.

Introduction

My mother laid the foundation for my present work. I grew up in a pastor's home in Baden-Württemberg, Germany, as the eldest of four sisters and one brother. As long as I can remember we were craft-oriented and worked together.
My father, in contrast to this, took us children to museums and old churches. We had to, sometimes reluctantly, listen to long speeches about art and history. But it took seed, nonetheless. One of my sisters studied art later on. I envied her, but she obviously was the more talented one. I have always been interested in contemporary and old art and still visit exhibitions and museums whenever I can.
Unfortunately, I received a business training. But on the side, I sewed, did all kinds of needlework, and knitted. For quite a while I sewed children's clothing for a kid's boutique, patchwork, inclusive, but few knew of patchwork at that time.
When I was sixteen years old I met my later and present husband, Uwe.
Very early in life, when I was eighteen, I went to Great Britain as an au pair to learn English. Uwe and I got married when I was twenty-four. Four years later our daughter Grit was born who remained a single child.
My family and my job made me happy, but something was still missing that really fulfilled and excited me.
In 1976 my husband was transferred to the U.S.A. We were very enthusiastic about the change and were looking forward to living in a foreign country. In Scarsdale, New York, we found a house. My husband

Introduction

Ma mère a posé les bases de mon travail actuel. J'ai grandi dans une maison de pasteur du Baden-Württemberg, au milieu de 5 frères et soeurs dont j'étais l'aînée. Aussi loin que remontent mes souvenirs, nous avons toujours bricolé et pratiqué des activité manuelles.
Mon père, quant à lui, nous emmenait visiter des musées et de vieilles églises et nous devions, parfois à contre coeur, écouter ses longs exposés sur l'art et sur l'histoire. Cela a quand même porté ses fruits! Une de mes soeurs étudia l'art, je l'enviais pour cela, mais c'était la plus douée. Je m'intéresse depuis toujours à l'art classique et contemporain et dès que cela m'est possible, je visite musées et expositions.
Malheureusement je n'ai reçu qu'une formation commerciale; mais en parallèle je cousais, bricolais, tricotais et brodais. Pendant un temps j'ai confectionné des vêtements pour enfants pour une boutique et j'ai même fait du patchwork, mais en ce temps là ce mot n'était pas encore connu.
A 16 ans j'ai rencontré Uwe, qui allait devenir mon mari et avec qui je partage encore ma vie. Deux ans plus tard je suis partie une année en Angleterre comme jeune fille au pair pour apprendre l'anglais, et c'est à l'âge de 24 ans que j'ai épousé Uwe: quatre ans plus tard est née notre fille unique Grit.
Ma famille et mon métier me rendaient heureuse mais il me manquait toujours quelque chose pour me satisfaire réellement et me passionner.
En 1976, quand mon mari a été muté aux Etats-Unis, nous nous sommes réjouis de ce change-

1976 wurde mein Mann beruflich in die USA versetzt. Wir freuten uns unheimlich auf die Veränderung und das Leben in einem fremden Land.
In Scarsdale, einem Vorort von New York, fanden wir ein Haus. Mein Mann arbeitete für die Vereinten Nationen (UNO) in New York und unsere Tochter, die damals neun Jahre alt war, besuchte eine amerikanische Schule.
Während unseres ersten Urlaubs in den USA fuhren wir durch die Neuengland-Staaten und besuchten einen Tag lang das Shelbourne Museum in Vermont, welches eine große Sammlung alter englischer und amerikanischer Quilts besitzt. Ich war sofort begeistert – das war es, was ich lernen wollte!
Gleich nach der Heimkehr schrieb ich mich in einen Patchwork-Kurs für Anfänger ein, um das Handwerk von Grund auf zu erlernen.
Besonders reizte mich die Geometrie im Patchwork, die Wiederholung der Blocks in einem Raster und das Spiel mit den Farben. Die Amish Quilts gefielen mir aufgrund ihrer Farben und der aufwendigen Quiltarbeit am besten.
Fast zwei Jahre lang nähte ich mit großer Begeisterung ca. 20 traditionelle Quilts. Ich gehörte zu einer amerikanischen Quiltgruppe in unserer Nachbarschaft, den „Friendship Star Quiltern". Wir arbeiteten u. a. gemeinsam an Quilts für wohltätige Zwecke oder zur Verlosung innerhalb der Gruppe.
Dies war eine wunderbare Gelegenheit, amerikanische Frauen kennenzulernen. Wir trafen uns abwechselnd in deren Häusern. Man brachte seine Quiltarbeit, Ideen und etwas zu Essen mit, und es gab immer

worked for the U.N.O. in New York and our nine-year-old daughter, visited an American school.
During our first vacation in the U.S. we drove through New England and visited the Shelbourne Museum in Vermont. This museum owns a big collection of old British and American quilts. I was excited immediately. That was what I wanted to learn!
As soon as we got back home to Scarsdale I enrolled in a beginner's class of patchwork to learn the trade right from its basics.
I was especially interested in patchwork's geometry, the repetition of the blocks and the colors.
I liked the Amish quilts best because of their colors and their quilting.
For almost two years I enthusiastically sewed about 20 traditional quilts. I was part of an American quilting bee in our neighborhood, the "Friendship Star Quilters" who not only sewed together but also made quilts for charity reasons or for a raffle in the group.
That was a wonderful opportunity to meet American women. Each time we met in a different home. You brought your quilt-project, ideas and something to eat. There was always a reason to celebrate.
In 1976 there was the bicentenniel in the U.S.A. and patchwork and quilting was brought back to life as a typical American craft. Everywhere people were working on traditional quilts in groups and there were exhibitions of old and new quilts in museums. Enthusiasm was great at that time! It was a wonderful time for me to experience all this.

ment et d'une vie dans un nouveau pays. Nous avons trouvé une maison à Scarsdale, dans la banlieue de New York. Mon mari travaillait pour les Nations-Unies (ONU) à New-York et ma fille, alors âgée de 9 ans, fréquentait une école américaine.
Pendant nos premières vacances aux Etats-Unis nous avons parcouru la Nouvelle-Angleterre et visité une journée le musée Shelbourne à Vermont qui possède une grande collection de quilts anciens anglais et américains. J'ai immédiatement été emballée – voilà ce que je voulais apprendre!
Dès notre retour, je me suis inscrité à un cours de patchwork pour débutants pour en apprendre les bases. La géométrie, la répétition des blocs sur une grille et le jeu des couleurs m'enthousiasmaient particulièrement. Pendant les deux années qui suivirent j'ai cousu une vingtaine de quilts traditionnels. J'appartenais à un groupe de patchwork américain de notre voisinage «Friendship-Star-Quilters». Nous travaillions ensemble à des quilts vendus au profit d'oeuvres caritatives ou tirés au sort au sein de notre groupe.
C'était une merveilleuse occasion de rencontrer des femmes américaines. Nous nous retrouvions à chaque fois dans une maison differentes. Chacune amenait son travail, des idées, de quoi manger et il y avait toujours une bonne occasion de faire la fête.
En 1976 les Etats-Unis fêtèrent leur 200ème anniversaire et le «patchwork et quilting» fut présenté comme un artisanat typiquement américain. Dans tout le pays les femmes travaillèrent en groupe sur des quilts «historiques» et il y eut beaucoup d'expositions de

einen schönen Anlaß zum Feiern.
1976 fand in den USA die 200-Jahr-Feier statt und das „Patchwork und Quilten" wurde als typisch amerikanisches Kunsthandwerk wieder neu belebt. Überall wurden historische Quilts in Gruppen gearbeitet und es gab Ausstellungen in Museen mit alten und neuen Quilts. Der Enthusiasmus war groß! Es war für mich eine wunderbare Zeit, das alles mitzuerleben.

quilts anciens et modernes. L'enthousiasme était immense! Ce fut merveilleux pour moi de pouvoir vivre tout cela.

Solo-Ausstellung im Workshop Hannover e. V., Juni 1995

Kurven-Quilts
1980-1982 (USA)

Im Sommer 1979 traf ich Michael James, einen bekannten amerikanischen Quilter, bei einer Quilt-Show auf Long Island. Bis dahin hatte ich nur im traditionellen Stil gearbeitet. Bei einem Diavortrag über seine Arbeiten zeigte er seinen Quilt *Aurora*. Von diesem Moment an wußte ich, daß ich auch in dieser Art arbeiten wollte. Ich war fasziniert von den farbenfrohen und modernen Kurven-Quilts. Völlig überwältigt konnte ich es kaum abwarten, bei diesem „Meister" in die Schule zu gehen. Eine neue Welt hatte sich für mich geöffnet.
In den kommenden Jahren nahm ich an vier bis fünf seiner Workshops teil, der letzte, den ich besuchte, fand 1988 in Holland statt.
Der Quilt *Lotus* war mein erster eigener Entwurf in der „Kurven-Technik". Mit diesem „Lotus"-Block entstand eine ganze Serie von Quilts, darunter auch *Blue Kaleidoscope*. Schon immer fand ich es reizvoll, in Serien zu arbeiten. Wenn eine Technik oder ein Thema für mich interessant ist, möchte ich es ganz ausschöpfen.
Mit den Quilts *Lotus* und *Blue Kaleidoscope* wurde ich 1981 bei Quilt National angenommen, der wohl renommiertesten Ausstellung moderner Quilts in den USA.
Die Reise dorthin und das Treffen mit anderen Teilnehmern war ein unvergeßliches Erlebnis für mich.
Bis zu meiner Rückkehr nach Deutschland 1982 entstanden ungefähr 20 Quilts in der Kurven-Technik, darunter auch *Rainy Day, Blues* und *Transparent Illusion*. Ich begann

Quilts with Curved Seams ***1980-1982 (U.S.A.)***

In the summer of 1979 I met Michael James, a famous American quilter, during a quilt show on Long Island. Until then I had only worked in the traditional style.
In a slide show about his work he showed his quilt *Aurora*. I knew immediately that I wanted to work in that style.
I was fascinated by the colorful and contemporary curved-seam quilts. Totally overwhelmed, I could hardly wait to learn from this "master". A new world had opened up for me.
During the following years I participated in four or five of his workshops, the last one that I visited took place in the Netherlands in 1988.
My quilt *Lotus* was my first original design in the "curved-seam technique". With this lotus block a whole series of quilts developed. Among these was *Blue Kaleidoscope*. I had always been tempted to work in a series. When a theme or a technique is interesting I want to explore it till the end.
In 1981 my quilts *Lotus* and *Blue Kaleidoscope* were accepted at Quilt National, certainly the most prestigious show of contemporary quilts in the U.S.A.
The trip there and the meeting with other exhibitors was an unforgettable event for me.
Until our return to Germany in 1982 I made approximately 20 quilts in the curved-seam technique, among others *Rainy Day, Blues*, and *Transparent Illusion*. I also started to mix different qualities of fabric like cotton, silk, chintz, linen and velvet.
All quilts were richly handquilted.

Quilts à base de courbes ***1980-1982 (U.S.A.)***

C'est en cours de l'été 1979, lors d'une exposition de quilts à Long Island que j'ai fait la connaissance de Michaël James, créateur de quilts contemporains. Jusque là j'avais toujours travaillé dans un style traditionnel.
Lors d'une conférence sur son travail, il nous a montré son quilt *Aurora*. A partir de ce moment là, j'ai su que je voulais aussi travailler dans cette direction là. J'étais fascinée par ses quilts à base de courbes, joyeux et modernes; subjuguée, j'avais hâte d'apprendre avec ce «maître». Un nouveau monde s'ouvrait à moi. Dans les années qui ont suivi cettre rencontre j'ai participé à 5 de ses cours, le dernier ayant eu lieu en Hollande en 1988.
Le quilt *Lotus* a été mon premier projet personnel utilisant la technique des courbes. Le bloc de base «Lotus» fut à l'origine d'une série importante de quilts, dont *Blue Kaleidoscope*. J'ai toujours été attirée par l'idée de travailler en série: lorsqu'une technique ou un thème m'intéressent, je veux en explorer toutes les possibilités.
Les quilts *Lotus* et *Blue Kaleidoscope* ont été acceptés en 1981 au Quilt National, l'exposition de quilts contemporains la plus réputée aux Etats-Unis.
Ce voyage ainsi que les rencontres avec les autres participants ont été pour moi une expérience inoubliable.
Jusqu'à mon retour en Allemagne en 1982, j'ai conçu environ 20 quilts à partir de cette technique des courbes, dont *Rainy Day, Blues* et *Transparent Illusion*. Je commençais à utiliser

Lotus

1980, 220 x 220 cm/84" x 84"
Baumwolle

auch, verschiedene Stoffqualitäten wie Baumwolle, Seide, Chintz, Leinen und Samt in ein und demselben Quilt zu verwenden.
Alle Quilts wurden aufwendig mit der Hand gequiltet.
Während unserer Zeit in Amerika begann ich auch zu unterrichten und es gab mehrere Soloausstellungen meiner Arbeiten.

1982 kehrten wir nach Deutschland (München) zurück. Leider blieben wir nur für ein Jahr. Während dieser kurzen Zeit hatte ich sechs Soloausstellungen innerhalb Deutschlands und nähte fieberhaft an neuen Quilts. Ich hätte gleichzeitig überall sein können, so begeistert war meine wachsende Quilt-Gemeinde.
Zur gleichen Zeit waren auch noch andere deutsche Quilter von USA- oder Kanada-Aufenthalten zurückgekehrt und plötzlich hörten wir alle voneinander.
Die deutsche Patchwork-Gilde wurde gegründet und im Textilmuseum in Heidelberg fand die erste Deutsche Quilt-Biennale statt, in der ich einer der Juroren war. Es war ein herrliches Jahr voller Schaffenskraft.
Dann schickte man meinen Mann und damit auch mich im wahrsten Sinne des Wortes in die Wüste: nach Saudi Arabien! Aber anstatt darüber entsetzt zu sein wie einige meiner Freunde, freute ich mich auf die Ruhe zum Arbeiten, die fremde Landschaft und Kultur. Es war eine Herausforderung, und ich war voller Erwartung, wie sich wohl meine Arbeiten in der neuen Umgebung verändern würden.

During our time in the U.S.A. I started to teach and had several one-woman exhibitions of my work.

In 1982 we returned to Germany (Munich). Unfortunately, we could only stay one year. During this short time I had six one-woman exhibitions in Germany and was working feverishly on new quilts. I could have been everywhere at the same time, so enthusiastic was my growing quilt fan-club.
At the same time other German quilters had returned home from the United States or Canada and suddenly we all heard about each other.
The German Patchwork Guild was founded and in the Textilmuseum in Heidelberg the first German Quilt Biennale was held, in which I was one of the jury. It was a wonderful year full of excitement and creative power. Then my husband and I were virtually sent to the desert, to Saudi Arabia! But instead of being shocked like some of our friends, I was looking forward to working peacefully, to the foreign landscape and culture. It was a challenge, and I was full of anticipation of how my work would develop in the new surroundings.

dans un même travail différentes textures de tissus comme le coton, la soie, le chintz et le velours.
Tous les quilts étaient extrémement matelassés à la main.
Pendant cette période américaine, je commençai également à donner des cours et à présenter mon travail dans des expositions solo.

En 1982 quand nous sommes revenus en Allemagne à Münich, mais malheureusement pour un an seulement, j'ai quand même trouvé le temps de faire 6 expositions en solo à travers l'Allemagne et de travailler fébrilement à de nouveaux quilts. J'aurais voulu être partout à la fois tant s'était élargie la «communauté» de mes élèves quilteuses. Au même moment, d'autres quilteuses étaient revenues des Etats-Unis ou du Canada et nous avons soudain entendu parler les unes des autres.
La Guilde Allemande du Patchwork fut créée et la première Biennale du Quilt Allemand eut lieu à Heidelberg, à laquelle je participais comme jury.
C'était une année merveilleuse, pleine d'énergie créative.
Mon mari fut alors envoyé dans le désert et moi aussi dans tous les sens du terme: en Arabie Saoudite! Au lieu d'être effrayée comme l'étaient certains de mes amis, je me réjouissais du calme pour travailler et découvrir de nouveaux paysages et une autre culture. C'était un défi, et j'étais curieuse de voir comment mon travail allait évoluer dans ce nouvel environnement.

Blue Kaleidoscope

1980, 220 x 220 cm/84" x 84"
Baumwolle, Samt

Blues

1984, 170 x 170 cm/67" x 67"
Baumwolle, Seide, Satin

Rainy Day

1985, 140 x 125 cm/55“ x 49“
Baumwolle, Seide, Satin

Zur Kurven-Technik

Meine Entwürfe entstehen durch das Konstruieren verschiedener kleiner Quadrate (Blocks) auf kariertem Papier. Die Blocks werden dann fotokopiert und einzeln ausgeschnitten. Diese Quadrate arrangiere ich dann so lange, bis ich einen interessanten Entwurf erhalte, den ich durch Aufkleben auf Papier festhalte. Nun entscheide ich mich für die Farb- und Stoffwahl. Für den einzelnen sich wiederholenden Block mache ich originalgetreue Schablonen. Nach diesen Schablonen werden die Umrisse auf die Rückseite des gewünschten Stoffes aufgezeichnet und mit Nahtzugabe ausgeschnitten. Die zu nähende Linie ist also genau sichtbar.
Nachdem alle Stücke eines Blocks auf diese Weise ausgeschnitten sind, stecke ich sie auf ein Stück Zeitungspapier, schon vorgeschnitten in der gewünschten Blockgröße. Auf diese Weise geht nichts verloren.
Die Blocks werden dann nach und nach an eine große Pinnwand gesteckt, bis der ganze Entwurf vervollständigt ist. Wenn ich möchte, kann ich jetzt immer noch die einzelnen Blocks anders arrangieren. Das Spiel mit Formen, Farben und Strukturen ist das wahrhaft Faszinierende für mich.
Dann beginnt das Nähen der einzelnen Blocks - eine Präzisionsarbeit -, denn wenn nicht jede Naht auf die andere paßt, ist der ganze Entwurf verdorben.
Die einzelnen Blocks werden dann in Reihen zusammengenäht, bis das ganze Quilt-Oberteil fertig ist.

About the curved-seam technique

My designs develop through constructing different little squares (blocks) on graph paper. I then photocopy the blocks and cut them out separately. I then arrange and rearrange these squares until an interesting design evolves which I then glue to paper to preserve. Then I decide on color and fabric choices.
For a repeating block I make original templates. With these templates I outline the shapes on the wrong side of the fabric and cut them out with a seam allowance. The line that has to be sewn on is clearly visible. After cutting each piece of the block I pin them to a piece of newspaper precut to the desired block size. Nothing gets lost doing it this way.
The blocks are then pinned to a big design wall until the entire design is completed. If I want to I can still rearrange the blocks. Playing with shapes, colors and structures is the most fascinating process for me.
Now the sewing of the single blocks starts. It is a work of precision. Each sewing line must line up with the next, otherwise, the entire design is destroyed. The blocks are then sewn together in rows until the quilt top is finished.

A propos de la technique des courbes

Je construis mes projets sur la base de différents petits blocs sur du papier quadrillé. Ces blocs sont ensuite photocopiés et découpés. J'arrange ces carrés jusqu'à ce que j'obtienne une maquette intéressante, que je colle définitivement sur du papier. Là, je m'attache au choix des couleurs et des tissus. Je trace des gabarits exacts pour les blocs qui se répètent. Les gabarits sont tracés sur l'envers du tissu choisi et coupés en ajoutant la couture; ainsi la ligne de couture reste-t-elle visible. Lorsque tous les morceaux d'un bloc sont coupés, je les épingle sur un morceau de papier journal découpé à la dimension du bloc. Cela me permet de ne perdre aucun morceau.
Les blocs sont épinglés au fur et à mesure à mon mur de travail jusqu'à ce que le projet soit complet. Cela me permet de jouer encore avec les blocs avant le montage définitif. Le jeu des formes, des couleurs et des structures me fascinent réellement.
Commence ensuite le travail d'assemblage des blocs, véritable travail de précision, car toutes les coutures doivent correspondre pour ne pas gâcher l'ensemble.
Les blocs sont ensuite cousus les uns aux autres par bandes jusqu'à ce que le top du quilt soit entièrement monté.

Wüsten-Quilts
1983-1988 (Saudi Arabien)

Das Leben in relativer Abgeschiedenheit, dem eine europäische Frau in der islamischen Welt unterworfen ist, läßt viel Zeit für Kreativität. Die Wüste - sowie die orientalische und hochmoderne Architektur Saudi Arabiens – bot mir Inspiration im Überfluß.
Ich versuchte, Landschaft, Licht und Schatten und die neue Farbigkeit meiner Umgebung in meinen Quilts nachzuempfinden. Mit architektonischen Elementen in Isometrie oder Perspektive wollte ich eine neue Dimension schaffen.
Aus Mangel an neuen Stoffen entwickelte ich meine eigene „Crazy-Technik", in der ich alle meine Reste verwenden konnte. In dieser neuen Technik lag viel Zufälligkeit, die ich jedoch durch das Blockraster der Konstruktion, dem streng geometrischen Aufbau des Entwurfs und der neuen Farbpalette disziplinieren konnte.
Das Quilten war meist der welligen Struktur des Wüstensandes nachempfunden. In dieser Zeit entstanden ca. 20 Wüstenquilts, die meist ein sehr großes Format hatten.
In internationalen Workshops konnte ich auch in Saudi Arabien meine Begeisterung für Patchwork und Quilten weitergeben.

Desert Quilts
1983-1988 (Saudi-Arabia)

In an Islamic world, a European woman is forced to live a comparatively secluded life. This leaves a lot of time for creativity. The desert - like the traditional and hypermodern architecture of Saudi Arabia -was an abundant source of inspiration.
I tried to capture landscape, light and shadow and the new color scheme of my environment in my quilts.
I wanted to create a new dimension with architectural elements in isometry or perspective.
A lack of new fabrics forced me to develop my own "crazy-technique", in which I could incorporate all of my scraps. This new technique was full of chances which I tried to control by the scheme of the blocks, the highly geometric design and the new color palette.
The quilting was mostly inspired by the wavy structures of the desert sand.
During this time I made approximately 20 desert quilts most of them in a very big format.
In the international workshops that I taught in Saudi Arabia, I could pass on my enthusiasm for patchwork and quilting.

Les Quilts «du désert»
1983-1988 (Arabie Saoudite)

La vie dans le monde islamique qui plonge une femme européenne dans un certain isolement, lui laisse beaucoup de temps pour la créativité. Le désert, ainsi que l'architecture orientale d'Arabie furent des sources inépuisables d'inspiration.
J'essayais de traduire dans mes quilts mes impressions venant des paysages, de la lumière et de l'ombre et des nouvelles couleurs de mon environnement. Je cherchais à apporter une nouvelle dimension en introduisant la perspective et l'isométrie par des éléments architectoniques.
Je développais ma propre technique de «crazy»; comme je manquais de nouveaux tissus, cela me permettait d'utiliser mes chutes.
La construction d'une grille de blocs, la conception très géométrique du projet et une nouvelle palette de couleurs m'ont permis de maîtriser cette nouvelle technique qui laissait une grande part au hasard. Le matelassage s'inspirait des formes douces des dunes de sable.
Pendant cette période j'ai éxécuté une vingtaine de quilts, la plupart de grand format.
J'ai également eu l'occasion de transmettre mon enthousiasme pour le patchwork lors de cours internationaux en Arabie Saoudite.

Desert City

1984, 240 x 200 cm/94" x 79"
Baumwolle, Seide, Satin

Kasbah

1985, 250 x 200 cm/98″ x 79″
Baumwolle, Seide

Land am Nil

1988, 205 x 150 cm/81" x 59"
Baumwolle, Seide

Utopia

1984, 245 x 165 cm/96" x 65"
Baumwolle, Seide, Satin

Raumlicht

1985, 225 x 145 cm/88" x 57"
Baumwolle

Desert Village

1987, 190 x 175 cm/75" x 69"
Baumwolle, Seide, Satin

Oasis

1984, 160 x 160 cm/63" x 63"
Baumwolle, Seide, Satin

Up and Down

1986, 215 x 175 cm/85″ x 69
Baumwolle, Seide

Connections

1988, 220 x 160 cm/87" x 63"
Baumwolle, Seide, Wolle

Oktaeder

1989, 175 x 175 cm/69“ x 69“
Baumwolle, Seide

Sandscape

1990, 160 x 160 cm/63" x 63"
Baumwolle, Seide

Arabia

1986, 180 x 160 cm/71" x 63"
Baumwolle, Seide, Satin

Letter to Milano

1989, 155 x 110 cm/61″ x 43″
Baumwolle, Seide, Satin

Rose Petals

1985, 165 x 125 cm/65" x 49"
Baumwolle, Seide, Satin

Open Boxes

1985, 100 x 100 cm/39" x 39"
Seide, Baumwolle

Crazy Quilts
1988-1992 (Deutschland)

1988 kehrten wir wieder nach Deutschland zurück. Inzwischen hatte sich hier viel verändert. Patchwork war populär geworden, überall gab es Gruppen und Aktivitäten. Es war schön, wieder in der westlichen Zivilisation zu sein, Ausstellungen und Museen besuchen zu können.
Meine Crazy-Technik blieb, wurde inzwischen meine Handschrift, aber ich arbeitete jetzt abstrakter in geometrischer Form mit kräftigeren Farbkompositionen.
Bei der ersten Quilt Expo Europa 1988 in Salzburg (Österreich) bekam ich einen Preis für meinen Quilt *Desert Village. Twist* und *Crazy Medaillon* wurden in der 3. Deutschen Quilt-Biennale in Heidelberg angenommen.
Ich genoß es sehr, daß ich wieder voll am globalen Quiltleben teilnehmen konnte.

Crazy Quilts
1988-1992 (Germany)

In 1988 we returned to Germany. In the meantime a lot had changed. Patchwork had become popular. Everywhere there were groups and activities going on. It was nice to be back to western civilization, to be able to visit familiar exhibitions and museums.
I continued with my "crazy technique" which had become my signature style, but worked more abstract in geometric shapes and with stronger color compositions.
During the first Quilt Expo Europe in Salzburg (Austria) which took place in 1988 I won a prize for my quilt *Desert Village*. My quilts *Twist* and *Crazy Medaillon* were accepted for the third German Quilt Biennale in Heidelberg (Germany).
I enjoyed being able to participate again in the global quilting world.

Quilts «crazy»
1988-1992 (Allemagne)

En 1988, nous sommes revenus habiter en Allemagne. Entre temps les choses avaient bien changé; le patchwork était devenu très populaire et on trouvait partout des groupes et des cours. Quel plaisir d'être à nouveau dans la civilisation occidentale et de pouvoir voir des expositions et des musées!
J'utilisais toujours ma technique de crazy, devenue entre temps mon écriture, mais je travaillais maintenant de façon plus abstraite avec des compositions à formes géométriques plus colorées.
Lors du premier Quilt Expo Europa en 1988 à Salzburg (Autriche), je fus récompensée pour mon quilt *Desert Village*. Peu après *Twist* et *Crazy Medaillon* furent acceptés à la 3ème Biennale du Patchwork Allemand à Heidelberg.
J'étais heureuse de prendre part à nouveau à la vie du patchwork.

Crazy Medaillon

1988, 150 x 150 cm/59" x 59"
Baumwolle, Seide, Satin

Twist

1988, 150 x 150 cm/59" x 59"
Baumwolle, Seide

Judith

1990, 105 x 105 cm/41" x 41"
Baumwolle, Seide

Broken Circles

1990, 165 x 165 mm, 65" x 65"
Baumwolle, Seide

Zur Crazy-Technik

Bei der Crazy-Technik werden überwiegend Stücke farbverwandter Stoffe unterschiedlichster Musterung und Struktur zusammengenäht, geschnitten und wieder genäht. Aus den so entstandenen Farb- und Strukturflächen schneide ich, wenn die Stücke groß genug sind, mit Hilfe von Schablonen die Teile, die ich zur Realisierung des vorher genau ausgearbeiteten Entwurfs benötige. Bei den Wüsten-Quilts handelte es sich oft nur um eine Form, z. B. um ein isometrisches Dreieck.
Mit dieser Technik kann ich sanfte Farbübergänge erzielen und kleine Kontraststücke spielerisch in die Fläche einarbeiten.

About the crazy technique

For the crazy technique a lot of fabrics similar in color but with different patterns and surfaces are usually used. They are sewn together, cut apart and re-sewn. When these "new" fabrics, which have interesting colors and structures are big enough, I cut the pieces that I need for my earlier developed design with the help of my templates. For the desert quilts I often used only one shape, that is, an isometric triangle.
With this technique I can create soft color transitions, but can also insert small pieces of contrasting colors in the fabric surface.

A propos de la technique de crazy

La technique de crazy se caractérise par l'assemblage de tissus de matières et d'impressions différentes mais qui appartiennent à la même gamme de couleurs. Je découpe dans cette nouvelle surface de tissus les morceaux dont j'ai besoin pour mon projet à l'aide de gabarits. Dans les quilts «du désert», je me servais souvent d'un seul gabarit de base, par exemple un triangle équilatéral.
Cette technique permet des transitions douces de couleurs et l'intégration ludique dans la surface de petits bouts de tissus «contrastes».

Detail aus *Broken Circles*

Quilts mit optischer Bewegung

1988-1995

Inspiriert von den Werken des Künstlers Vasarely, der durch seine Op-Art-Effekte berühmt wurde, beschäftigte ich mich mit Entwürfen, in denen ich eine optische Bewegung erzielen konnte.
Fügt man eine Reihe von Formen (Blocks) aneinander, so ergibt sich ein Muster, das erweitert zur Flächengestaltung werden kann. Das ist das normale Raster im Patchwork-Quilt. Verändert man die einzelnen Blocks jedoch durch Verschiebung, Spiegelung, Drehung oder Streckung – oder auch die Teile innerhalb eines Blocks – nach einem festzulegenden Rhythmus, so entsteht ein optischer Bewegungseffekt, der z. B. Rundungen vortäuscht, wo nur gerade Linien sind. Eine optische Täuschung!
Durch geschickte Farbwahl sowie durch das Quilten kann man diese Bewegung noch unterstreichen.
Ein genauer Entwurf und exakte Schablonen sind für diese Art von Quilts erforderlich. Das entsprach meiner Liebe zu Ordnung und Systematik. Freiheit gab mir dann die Farbwahl und meine Crazy-Technik.
Nach diesem mathematischen System entstanden zwischen 1988 und 1995 eine ganze Reihe von Quilts.

Quilts with Optical Movement Effects

1988-1995

Inspired by the work of Vasarely, an artist who had become famous for his op-art effects, I worked on designs with which I could create the illusion of optical movement.
The combining of rows of blocks to form an all over design can result in discovering a new dimension. That is the regular pattern in patchwork-quilts. Transformation of individual blocks angularly, symmetrically, turning or stretching (or a section of a block) according to a certain rhythm can create a visual movement, e.g. curved illusions from only straight lines. An optical illusion!
Clever color choices and quilting can enhance this effect.
An exact design and correct templates are absolutely necessary for this kind of quilt. That corresponded to my love for order and method. I had freedom through my colors and my "crazy technique".
In this mathematical system I did quite a few quilts between 1988 and 1995.

Quilts à effets d'illusion d'optique

1988-1995

Je me suis inspirée de l'oeuvre de Vasarely, qui fut connu pour son travail sur les effets Op Art, pour créer des quilts dans lesquels je pouvais obtenir des effets d'illusion d'optique.
Lorsqu'on coud une rangée de blocs les uns aux autres, on obtient un motif qui peut être utilisé pour la conception d'une nouvelle surface. C'est le processus habituel dans le patchwork.
En travaillant sur les blocs, en les décalant, les tournant, les agrandissant ou les renversant d'après un rythme bien précis, on obtient des effets de mouvement par exemple l'impression de courbes là où il n'y a que des lignes droites. Une réelle illusion optique!
Un choix de couleurs approprié ainsi que le matelassage peuvent accentuer le mouvement.
Une maquette et des gabarits très précis sont indispensables pour ce type de quilts.
Cela correspondait bien à mon goût de l'ordre et de la systématisation.
Cependant je pouvais m'exprimer librement à travers le choix des couleurs et la technique du crazy.
Je conçus de nombreux quilts d'après ce système mathématique.

Detail aus *Eimer*

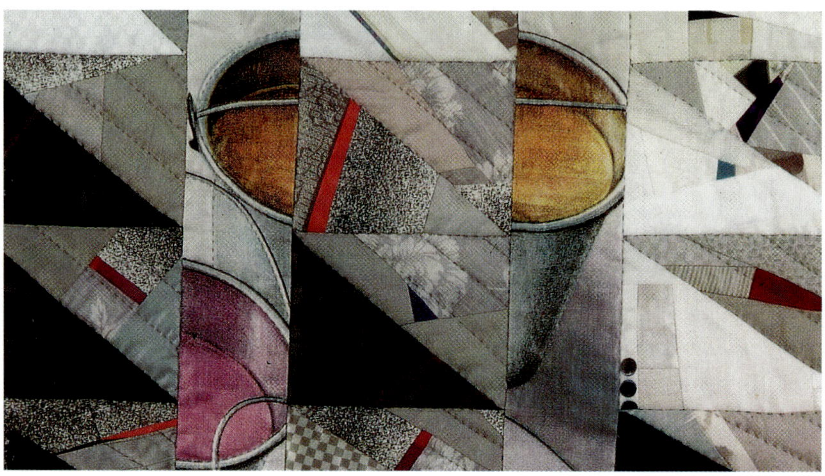

Eimer

1993, 175 x 105 cm/69" x 41"
Baumwolle, Seide

Triangles in Motion I

1988, 180 x 180 cm/71" x 71"
Baumwolle, Seide

Waves

1988, 175 x 175 cm/69" x 69"
Baumwolle, Seide

Cosmos

1990, 170 x 170 cm/67" x 67"
Baumwolle, Seide

Coral Reef

1992, 175 x 175 cm/69" x 69"
Baumwolle, Seide

Study in Red I

1993, 150 x 150 cm/59" x 59"
Baumwolle, Seide

Study in Red II

1993, 150 x 150 cm/59″ x 59″
Baumwolle, Seide

Triangels in Motion II

1992, 176 x 182 cm/69" x 72"
Baumwolle, Seide

Triangles in Motion III

1993, 150 x 210 cm/59" x 82"
Baumwolle, Seide

Formation

1995, 175 x 175 cm/69" x 69"
Baumwolle, Seide

Aquarium

1996, 143 x 143 cm/56" x 56"
Baumwolle, Seide, selbstgefärbte Stoffe

Chaos and Order

1995, 120 x 120 cm/47" x 47"
Seide

Grau

1994, 170 x 170 cm/67" x 67"
Baumwolle, Seide

Flic-Flac-Quilts

1990-1995

1990 während der Quilt Expo Europa in Odense (Dänemark) kaufte ich bei einer dänischen Stoffkünstlerin bemalte Stoffreste. Das war zu einer Zeit, als bei uns Quiltern das Färben und Bemalen eigener Stoffe noch nicht so bekannt war. Sehr oft waren aber gerade interessante Stoffe bei mir der Auslöser zu neuen Ideen.
Danach entwarf ich meinen „Flic-Flac-Block", in den zwei lange spitze Dreiecke eingearbeitet sind, die bei Drehung des Blocks optisch vor der Quiltfläche liegen. Diese spitzen Dreiecke nannte ich „Flic-Flacs". Sie wurden in meinem Quilt *Flic Flac I* aus dem bemalten Stoff aus Dänemark gearbeitet.
Dieses Muster, entwickelt aus dem „Kaleidoscope-Block", kann z. B. farblich in der Diagonalen geteilt werden , so daß im Gesamtentwurf – den Block auf die Spitze gestellt – mehrere Ränder entstehen.
In *Rainbow Connection* I und II sind die Flic-Flacs in den Regenbogenfarben gearbeitet und laufen von einem Quilt in den anderen. Dazwischen sind in diesen Farben viele kleine Effekte in die Crazy-Teile eingearbeitet.
Mit diesem Muster erarbeitete ich viele Quilts. Der Block in verengter Form ergab *Grau.* Zur „Drachenform" verzogen kommt der Block in *Das Quadrat, Birds Paradise, Study in Green, Vogelflug, Wellig* und *No Exit* vor.
In einer völlig verzogenen Blockform wiederum sieht man ihn in *Picknick im Park* und *Farbgewitter.*

Flic-Flac Quilts

1990-1995

In 1990 at the Quilt Expo Europe in Odense (Denmark) I bought some hand-painted scraps of a Danish fiber artist. That was a time when dyeing and painting fabrics was not yet common among quilters. But very often it is an interesting fabric that starts a new idea.
I then began to design my so-called "flic-flac block", where I integrate two long narrow triangles, which, depending on how you rotate the block seem to lie in front of the quilt top. I called these narrow triangles "flic-flacs" and in my quilt *Flic Flac I* I used the hand-painted fabric scraps from Denmark for these flic-flacs. This block is very versatile. It was developed from the "kaleidoscope block" and can, for example, colorwise be divided in half diagonally, so that there appear several borders in the completed design - if the block is turned on point.
In *Rainbow Connection* I and II I used rainbow colors for the flic-flacs and they appear to be running from one quilt to the next. In between these flic-flacs I worked many small effects into the crazy pieces also in these colors.
With this pattern I designed many quilts. The narrowed block became *Grau.* Twisted into a "kite shape" I used the block in *Das Quadrat, Birds Paradise, Study in Green, Vogelflug, Wellig,* and *No Exit.* The flic-flac block twisted even more appears in *Picknick im Park* and *Farbgewitter.*

Quilts «flic-flac»

1990-1995

En 1990 lors du Quilt Expo Europa à Odense (Danemark), j'ai acheté des morceaux de tissus peints à une artiste textile danoise. A l'époque, la teinture et la peinture sur tissus n'étaient que peu connues chez les quilteuses. Ce sont en fait les tissus eux-même qui sont à la source de mon inspiration.
Je conçus alors mon bloc «flic-flac» dans lequel sont intégrés deux longs triangles pointus qui donnent l'impression optique d'être au-dessus de la surface textile lorsque l'on déplace le bloc.
J'ai appelé ces triangles «flic-flac» et dans le quilt *Flic-Flac I,* ils sont découpés dans le tissus peint que j'avais découvert au Danemark.
Ce motif, élaboré à partir du «bloc kaléidoscope» peut aussi être divisé en deux couleurs par sa diagonale, ainsi en positionnant le bloc sur sa pointe, on obtient plusieurs «cadres» dans le quilt. Dans *Rainbow Connection* I et II, les «flic-flacs» sont taillés dans des couleurs «arc-en-ciel» et forment une continuité d'un quilt à l'autre.
J'ai beaucoup utilisé ce motif. Dans le quilt *Grau* j'ai utilisé ce bloc en le rétrécissant. Et c'est ce même bloc déformé en «cerf-volant» qui a servi de base aux quilts *Das Quadrat, Birds Paradise, Study in Green, Vogelflug, Wellig* et *No Exit.* On le retrouve encore de façon complètement déformée dans *Picknick im Park* et *Farbgewitter.*

Flic-Flac I

1990, 115 x 115 cm/45" x 45"
Baumwolle, Seide

Rainbow Connection I

1990, 135 x 135 cm/53" x 53"
Baumwolle, Seide, handbemalte Stoffe

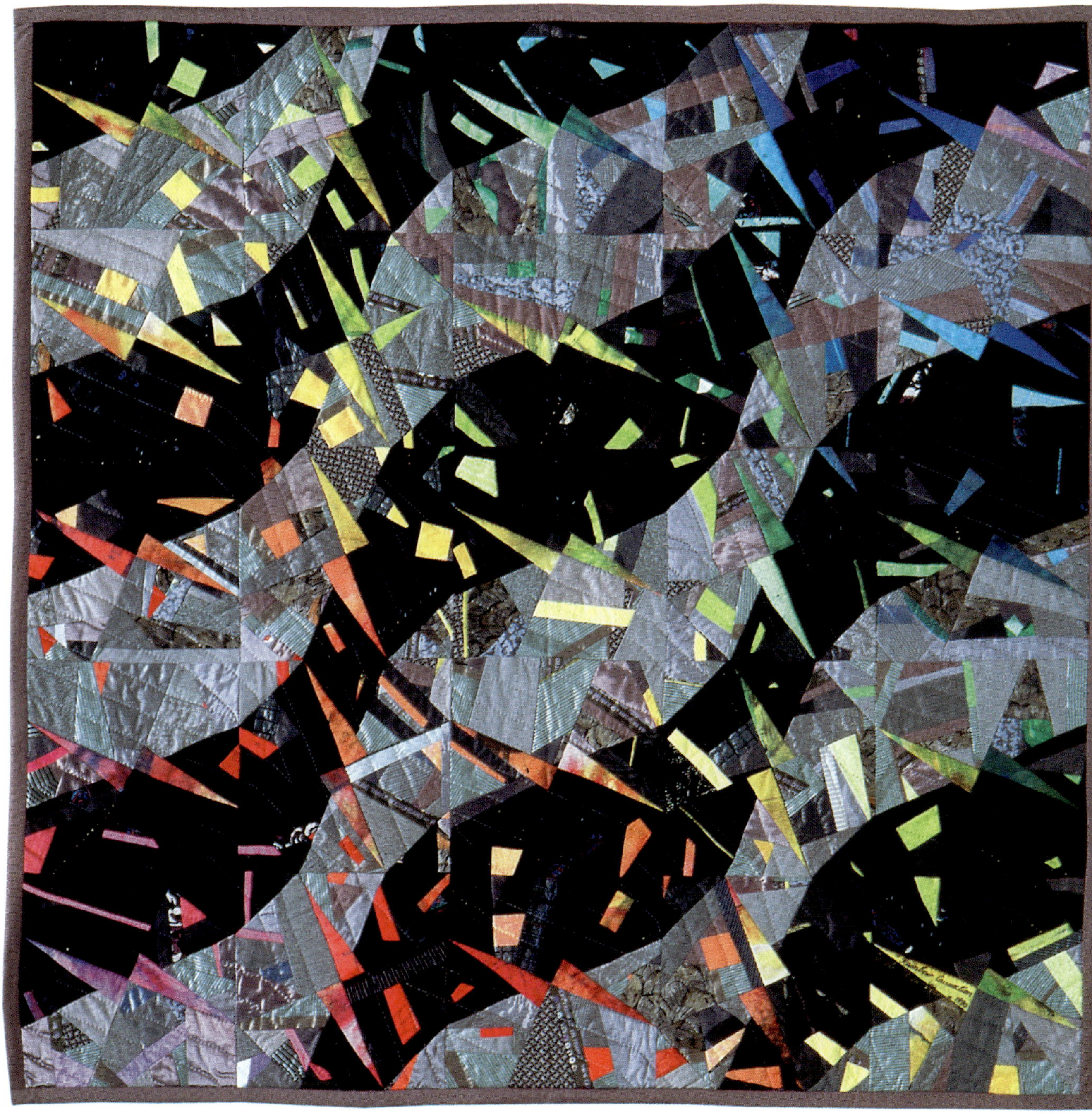

Rainbow Connection II

1990, 135 x 135 cm/53" x 53"
Baumwolle, Seide, handbemalte Stoffe

Quilts mit dem Drachenblock

1989-1994

In meinen Wüstenquilts *Oktaeder* und *Sandscape* hatte ich zum ersten Mal einen Block in Drachenform verwendet, den ich dann in ein „Nine-Patch" sowie abwechselnd die Ecken noch in Dreiecke unterteilt hatte. Auf diese Weise bekam ich dann die Pyramiden. Beim Drehen der Blocks paßt die Drachenform immer wieder aneinander wie ein Mosaik.
Nachdem ich mit dem „Flic-Flac-Muster" begann, hatte ich die Idee, dieses in die Drachenform einzuarbeiten. Beim Entwerfen meines ersten Quilts in dieser Art *Birds Paradise* war ich vom Resultat vollkommen überrascht. Die Möglickeiten, die sich da boten, waren unendlich! Es konnte mir nicht kompliziert genug sein, ich wollte alle Variationen ausschöpfen.
Ähnlich wie bei *Flic Flac I* konnte ich bei horizontaler und vertikaler Teilung des Drachenblocks in hell und dunkel Rahmen erhalten, die sogar durch die Form des Blocks verschiedene Breiten hatten.
Unterteilte ich den Drachenblock z. B. nur horizontal, ergab sich wie in *Wellig* und *Vogelflug* ein wellenartiges Muster, das ich durch das Quilten noch unterstreichen konnte.
Mein Quilt *Birds Paradise* wurde 1993 bei Quilt National in den USA angenommen und war sogar Titelbild des Kataloges.

Quilts with the Kite-shaped Block

1989-1994

The first time I used a kite-shaped block was in my desert quilts *Oktaeder* and *Sandscape* which I then divided into a "nine-patch" and, alternately, the corners into triangles. I created the pyramids this way. Rotating the blocks makes the kite-shaped blocks fit together like a mosaic.
After I had started with the "flic-flac" pattern I got the idea to use this in a kite-shaped block. Designing my first quilt *Birds Paradise* in that style, I was completely surprised by the outcome of the design. The possibilities that presented themselves were endless. It could not be complicated enough for me, I wanted to explore every variation possible.
Similar to the quilt *Flic Flac I* I could divide the kite-shaped block horizontally and vertically, and, using light and dark, frames emerged which even varied in width because of the block's shape.
If I divided the kite-shaped block only horizontally a wavy pattern as in *Wellig* and *Vogelflug* appeared, which I could enhance through quilting.
My quilt *Birds Paradise* was accepted at Quilt National U.S.A. in 1993 and was even used as the cover quilt for the catalogue.

Quilts à base de blocs «cerf-volant»

1989-1994

Dans mes quilts «du désert» *Oktaeder* et *Sandscape* j'ai utilisé pour la première fois un bloc en forme de cerf-volant que j'ai divisé en un «nine-patch» et dont j'ai subdivisé les coins en triangles. De cette façon, j'ai obtenu des pyramides. En tournant les blocs, ceux-ci s'emboîtent toujours comme dans une mosaïque.
Lorsque j'ai commençé à travailler avec le motif «flic-flac», l'idée m'est venue de l'intégrer dans le «cerf-volant». Je fus très impressionnée par le résultat obtenu dans le premier quilt travaillé de cette manière: *Birds Paradise*. Les possibilités qui s'offraient à moi étaient infinies! Je voulais en exploiter toutes les variations quelle qu'en soit la complexité.
Comme dans *Flic Flac I*, en divisant les blocs verticalement et horizontalement avec des valeurs claires et foncées, j'obtenais un effet de cadre dont la largeur variait en fonction de la forme du bloc. En divisant le bloc cerf-volant horizontalement, j'obtins dans *Wellig* et *Vogelflug* un motif à «vagues» que je pus accentuer avec le matelassage.
Mon quilt *Birds Paradise* fut accepté au Quilt National (USA) en 1993 et figura sur la couverture du catalogue.

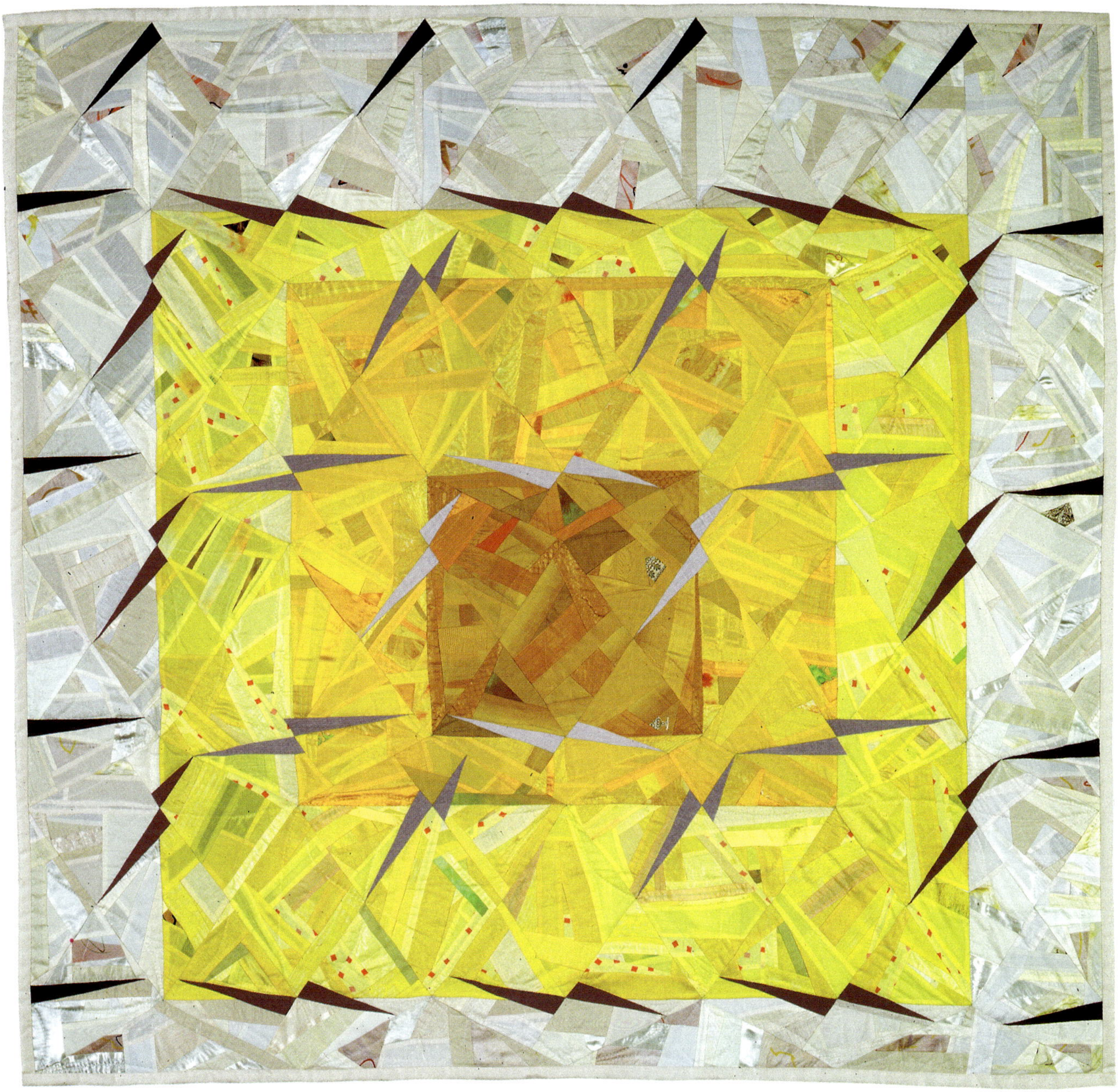

Das Quadrat – Hommage to Josef Albers

1995, 160 x 162 cm/63" x 64"
Baumwolle, Seide

Birds Paradise

1991, 165 x 160 cm/65" x 63"
Baumwolle, Seide, handbemalte Stoffe

Study in Green

1993, 170 x 160 cm/67" x 63"
Baumwolle, Seide, selbstgefärbte Stoffe

Vogelflug

1991, 160 x 120 cm/63" x 47"
Baumwolle, Seide, Chintz

Wellig

1994, 175 x 155 cm/69" x 61"
Baumwolle, Seide

No Exit

1994, 160 x 165 cm/63" x 65"
Baumwolle, Seide, alte Krawatten

Terrakotta

1994, 160 x 140 cm/63" x 55"
Baumwolle, Seide

Strelitzia

1993, 170 x 160 cm/67" x 63"
Baumwolle, handbemalte Seide

Deep Sea

1993, 190 x 140 cm/75" x 55"
Baumwolle, Seide

Quilts mit einem verzogenen Block
1991-1994

Die Idee, einen völlig verzogenen Block zu erarbeiten und in diesen meine Muster zu integrieren, hatte ich schon längere Zeit. Der neue Block hatte vier unterschiedlich lange Seiten. Beim Entwurf mußte man dann die rechte und linke Seite des Quilts ausfüllen, um wieder zu einer geraden Form zu kommen. Das war ziemlich kompliziert.
In *Farbgewitter* und *Picknick im Park* war das „Flic-Flac-Muster" meine Wahl, in *Nightsky* der traditionelle Ohio-Star.
Diese Quilts waren eine echte technische Herausforderung!

Quilts with an Odd-shaped Block
1991-1994

For quite a long time I was pondering the idea of creating an odd-shaped block in which to integrate my patterns. The new block had four different sides all varying in length and to complete the quilt you had to fill the blank spaces at the right and left hand side of the quilt to come up with a square shape. That was rather complicated.
In *Farbgewitter* and *Picknick im Park I* chose my flic-flac pattern. In *Nightsky* I chose the traditional Ohio Star.
These quilts were a true challenge of my technical skills.

Quilts à base de blocs déformés
1991-1994

J'avais depuis longtemps envie d'exploiter l'idée de travailler à partir d'un bloc déformé (à quatre côtés inégaux) et d'y intégrer mes motifs habituels. Pour que le quilt ait une forme «droite», il fallait combler les espaces vides autour des blocs: c'était assez compliqué.
Dans *Farbgewitter* et *Picknick im Park* j'ai choisi le motif «flic-flac», alors que dans *Nightsky* j'ai intégré le motif traditionnel de l'étoile de l'Ohio.
Ces quilts étaient vraiment un défi sur le plan technique !

Detail aus *Nightsky*

Nightsky

1994, 175 x 155 cm/69" x 61"
Baumwolle, Seide

Picknick im Park

1994, 170 x 160 cm/69" x 63"
Baumwolle, Seide

Farbgewitter

1992, 165 x 150 cm/65" x 59"
Baumwolle, Seide, Chintz

Graffiti-Quilts
1995-1998

Im Sommer 1995 begann ich Stoffe selbst zu färben, zu bemalen und zu bedrucken, nachdem ich verschiedene Workshops bei Nancy Halpern, Irene Kahmann, Ann Johnston und Heide Stoll-Weber besucht hatte.
Es begeisterte mich sehr meine eigenen Stoffe zu kreieren.
Im selben Jahr nahm ich an einem Seidenmalkurs in der Provence mit dem Thema „Graffiti" teil, den Paola Incze aus Köln leitete. Dort bemalten, besprühten und beschrifteten wir Seide, die mich später zu den „Graffiti-Quilts" anregte.
Ich versuchte die beschrifteten Stücke möglichst groß zu lassen, kombinierte sie aber dann mit kleinen Crazy-Blocks.
In *Graffiti I, II* und *III* wollte ich eine Mauer mit *Graffiti* nachempfinden, in *Graffiti IV* und *VII* spielte ich mit dem Kontrast von warmen und kalten Farben.

Graffiti Quilts
1995-1998

In the summer of 1995 I started to dye, paint and print my own fabrics after having taken several workshops with Nancy Halpern, Irene Kahmann, Ann Johnston and Heide Stoll-Weber.
I was thrilled with creating my own fabric.
In the same year I participated in a silk-painting workshop by Paola Incze from Cologne (Germany). The workshop's subject was "Graffiti" and took place in the Provence (France). There we painted, sprayed and wrote on silk, which later inspired me to my "Graffiti Quilts".
I tried to leave the graffiti pieces as big as possible, but combined them with small crazy blocks.
In *Graffiti I, II* and *III* I wanted to convey the impression of a wall which had been sprayed with graffiti. In *Graffiti IV* and *VII* I played with contrasting warm and cool colors.

Quilts «graffitis»
1995-1998

Pendant l'été 1995, après avoir suivi des cours avec Nancy Halpern, Irene Kahmann, Ann Johnston et Heide Stoll-Weber, je me mis à peindre et teindre des tissus, et les imprimer.
J'étais enchantée de pouvoir créer mes propres tissus.
La même année je participais à un cours de peinture sur soie en Provence sur le thème des graffitis, animé par Paola Incze de Cologne; nous avons expérimenté des techniques de peinture, de vaporisation et d'écriture sur soie, qui m'ont inspiré la série de quilts «graffitis».
J'ai choisi de grands morceaux de tissus «à écritures» que je combinai avec de petits blocs sous-traités en crazy.
Dans *Graffiti I, II* et *III* j'ai voulu représenter un mur de graffitis, et dans *Graffiti IV* et *VII* j'ai joué sur le contraste des couleurs chaudes et froides.

Detail aus *Graffiti I*

Graffiti I

1995, 165 x 115 cm/65″ x 45″
Baumwolle, Seide, handbeschriftete und bemalte Seide

Graffiti II

1995, 150 x 116 cm/59" x 46"

Baumwolle, Seide, handbeschriftete und bemalte Seide

Graffiti III

1996, 156 x 130 cm/61" x 51"
Baumwolle, Seide, handbemalte Seide

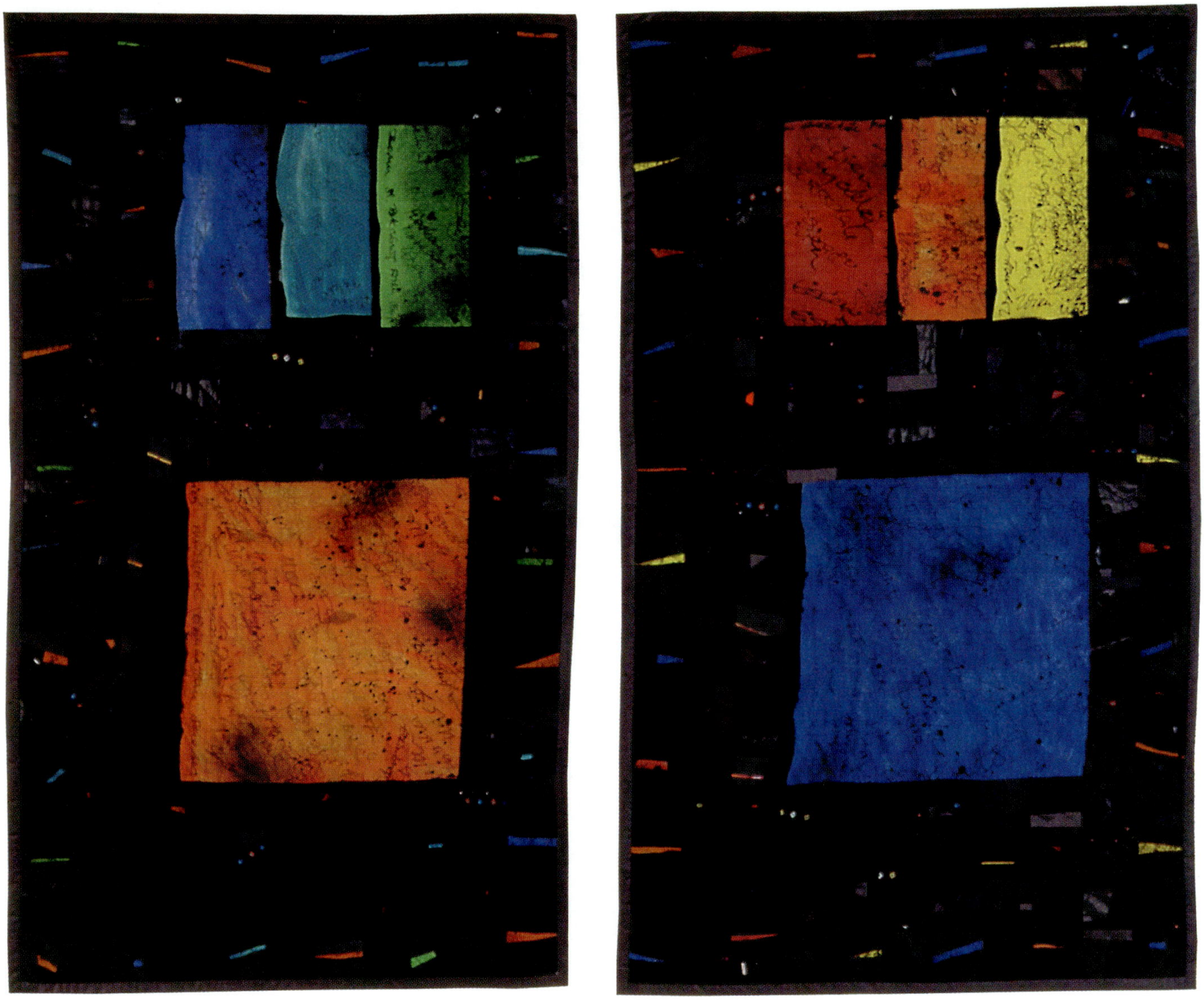

Graffiti VII

1996, 2 x 90 x 154 cm/35″ x 60″ (2-teilig)
Baumwolle, Seide, handbemalte und -beschriftete Seide

Graffiti IV

1996, 154 x 140 cm/60" x 55"
Baumwolle, Seide, handbeschriftete und bemalte Seide

Crazy-Quilts
1994 -1999

Neben den speziellen Serien oder Techniken arbeitete ich auch immer wieder an Quilts, die sich nicht in eine Kategorie einordnen lassen. Ich versuchte vom Komplizierten wieder wegzukommen und mit nur einer Blockform zu arbeiten.
In *Step by Step* ist es die Rhombe, in *Tumbling Blocks I* und *II* und in *Reflection* das Quadrat und in *Trio I, Hommage to Dahmen* und den *Colorfields I-V* das Rechteck.
In *Im Schilf* und *Nordische Impressionen* habe ich versucht, eine Landschaft mit einem Crazy-Rechteck in feinen Farbverläufen nachzuempfinden.

Crazy Quilts
1994 -1999

In addition to my special series or techniques I once in a while made quilts which cannot be put into a category. I tried to leave the complicated patterns and go back to a single shape.
In *Step by Step* the shape is a diamond, in *Tumbling Blocks I* and *III* and in *Reflection* a square and in *Trio I, Hommage to Dahmen* and *Colorfields I-V* it is a rectangle.
In *Im Schilf* and *Nordische Impressionen* I tried to capture landscapes with soft color transitions in a crazy rectangle.

Quilts «crazy»
1994-1999

En parallèle avec les séries et les techniques particulières, je continuais à travailler sur des quilts qui ne se laissaient ranger dans aucune catégorie.
Je cherchais à m'éloigner de la complexité et à travailler à partir d'un bloc simple.
Dans *Step by Step* j'ai utilisé le losange, dans *Tumbling Blocks I* et *II*, et dans *Reflection* le carré, et dans *Trio I, Hommage to Dahmen et Colorfields I à V*, le rectangle.
Avec *Im Schilf* et *Nordische Impressionen* j'ai essayé de suggérer un paysage avec des dégradés subtils de couleurs à partir d'un rectangle en crazy.

Detail aus *Hommage to Dahmen*

Hommage to Dahmen

1998, 110 x 125 cm/43" x 49"
Baumwolle, Seide

Detail aus *Color-Fields I*

Color-Fields I-V

1998, je 114 x 114 cm/45" x 45"
Baumwolle, Seide

Tumbling Blocks I

1995, 124 x 124 cm/49″ x 49″
Baumwolle, Seide, selbstgefärbte Stoffe

Tumbling Blocks II

1995, 124 x 124 cm/49" x 49"
Baumwolle, Seide, selbstgefärbte Stoffe

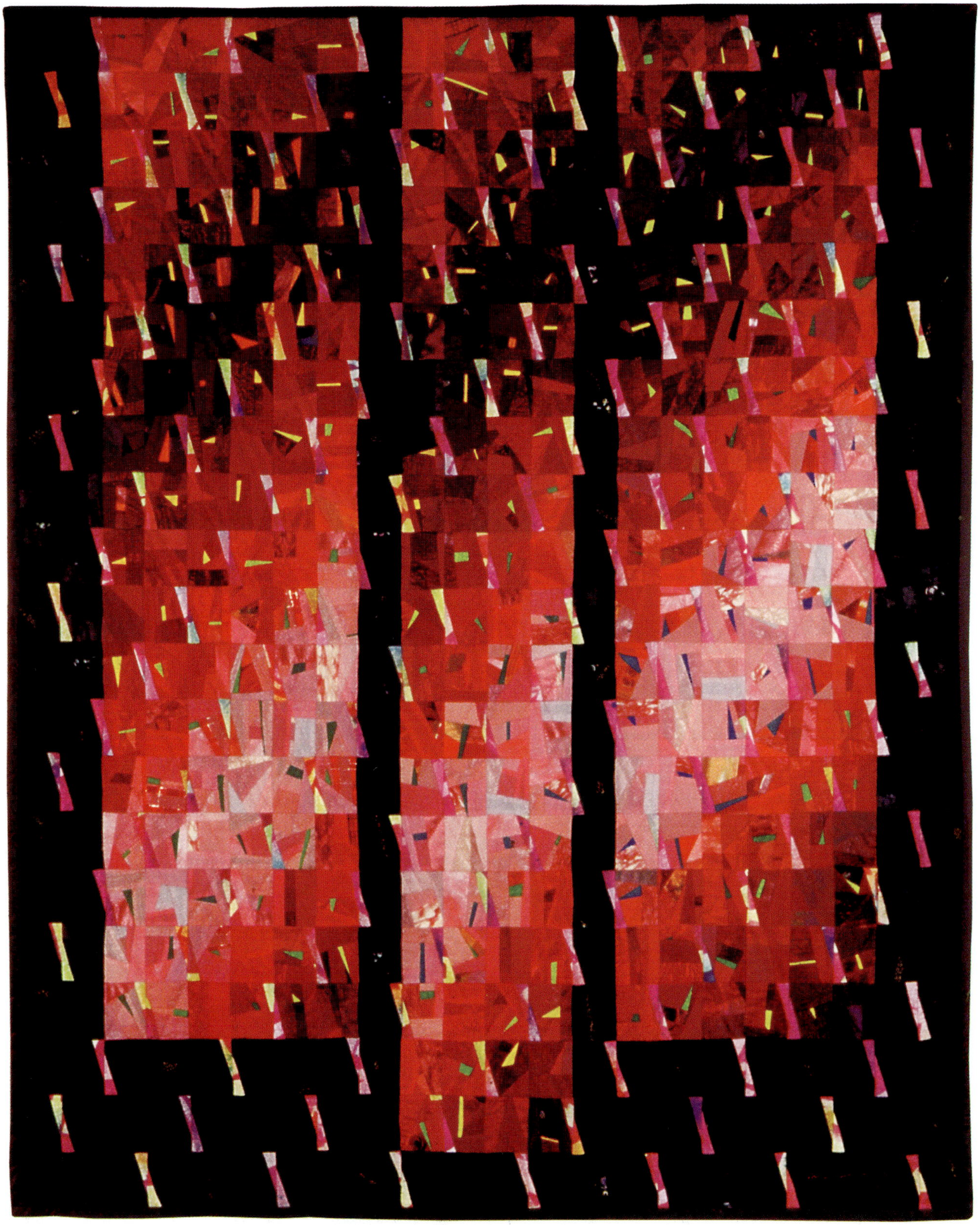

Trio I

1996, 147 x 182 cm/58" x 72"
Baumwolle, Seide

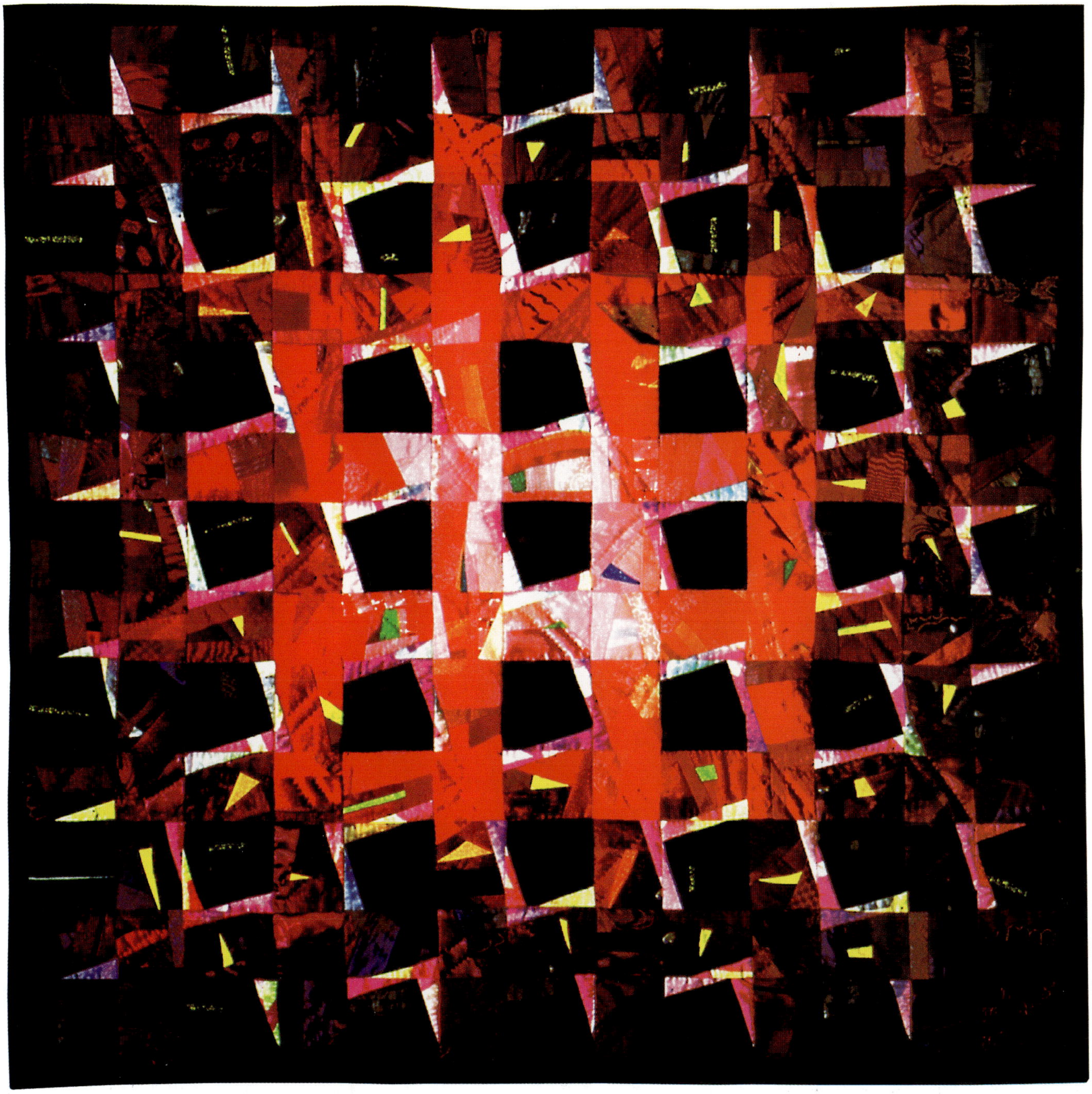

Vernetzt

1996, 102 x 102 cm/40" x 40"
Baumwolle, Seide

Im Schilf

1996, 140 x 153 cm/55" x 60"
Baumwolle, Seide

Nordische Impressionen

1997, 120 x 130 cm/47" x 51"
Baumwolle, Seide

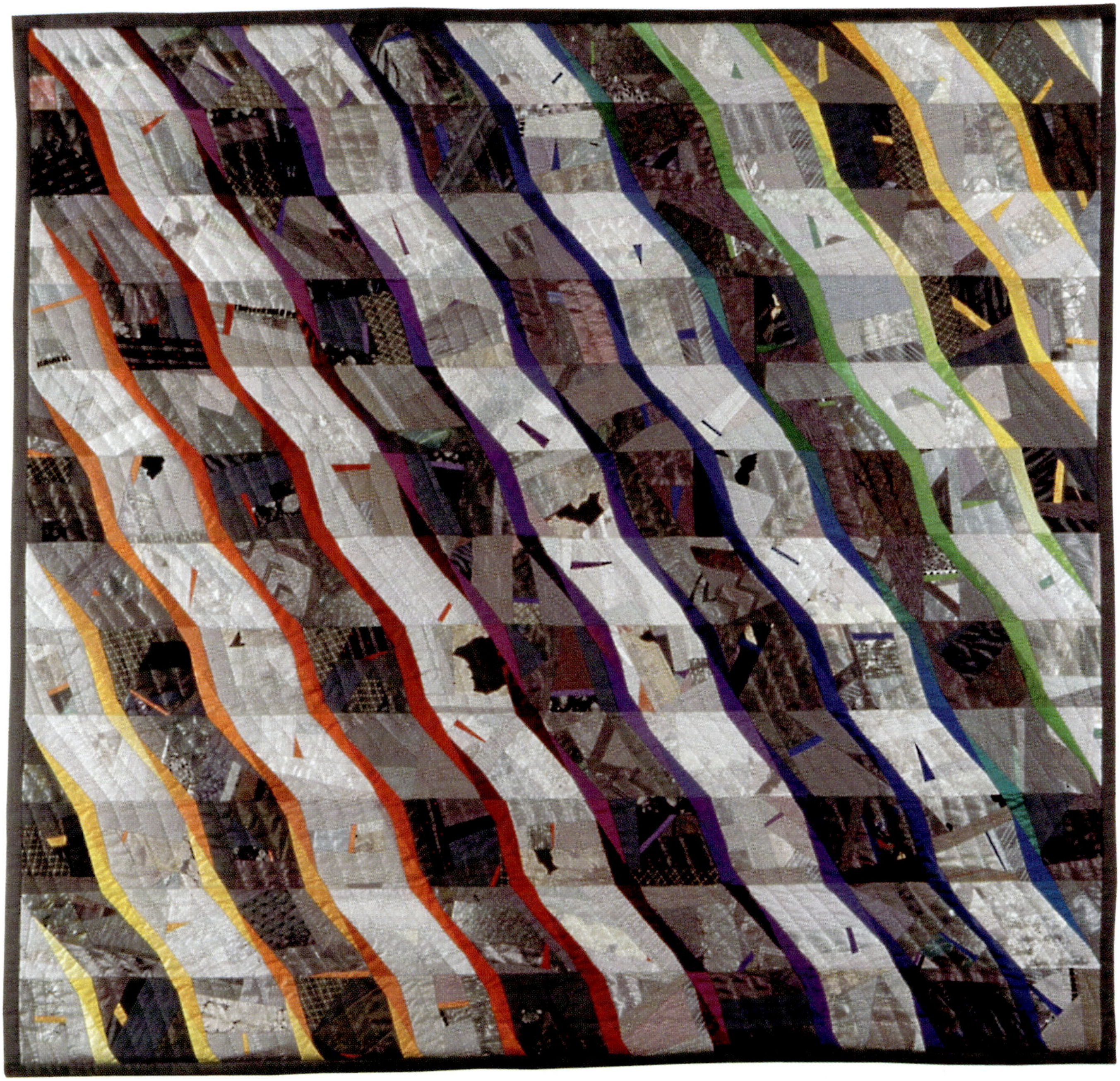

Step by Step

1994, 135 x 140 cm/53″ x 55″
Baumwolle, Seide

Reflection

1997, 120 x 120 cm/47" x 47"
Baumwolle, Seide

Quilts in der Wellentechnik
1997-1999

In einem Workshop mit Ann Johnston bedruckte ich gefärbte Stoffe, die so schön wurden, daß sie mir wieder zu schade zum Zerschneiden für die Crazy-Technik waren.
Da fiel mir eine alte Technik ein, bei der man mehrere Stoff-Rechtecke übereinanderlegt, in Wellen zerschneidet, neu auslegt und dann wieder zusammensetzt. Diese Technik wollte ich mit meiner Crazy-Technik kombinieren, indem ich einen Crazy-Teil und einen Teil aus dem bedruckten Stoff verwendete.
Die so genähten Teile werden dann in eine Form geschnitten, z. B. wieder Rechteck, Trapez oder Rhombe. Wenn man diese geschnittenen Teile dann in Längsreihen versetzt anordnet, ergeben sich viele Variationsmöglichkeiten.
Der erste Quilt, den ich in dieser Art arbeitete, war *Sommergarten*. Er gefiel mir so gut, daß ich wieder eine ganze Serie von Quilts in dieser Wellentechnik machte.
In *Calypso* wurden die fertiggenähten Blocks nochmals diagonal zerschnitten und wieder zusammengenäht.

Quilts in the Wave Technique
1997-1999

In a workshop with Ann Johnston I printed on dyed fabric which turned out so beautiful that I did not want to cut it up for my crazy technique.
That is when I remembered an old technique in which you layer several rectangles of fabric, cut them into waves mix different pieces and sew them together. This technique I wanted to combine with my crazy technique so that I would not have to cut my handprinted fabric into tiny pieces. Therefore I used a crazy piece and a wavy piece out of the handprinted fabric together in one block.
The so created pieces are then cut into a shape e.g. another rectangle, a trapezoid or a diamond.
If you stagger these shapes in vertical rows new variationpossibilities emerge.
The first quilt I sewed in this style was *Sommergarten*. I liked it so much that I again did a whole series of quilts in this wave technique.
In *Calypso* the blocks were cut again diagonally and resewn.

Quilts à base de «vagues»
1997-1999

Lors d'un stage avec Ann Johnston je fis des impressions sur tissus qui me semblaient trop beaux pour être découpés en «crazy».
Je me rappelais une technique qui consistait à superposer des tissus, à les découper avec un mouvement de vagues et à les recoudre ensemble en les recomposant différemment. Je voulais associer cette technique à celle du crazy, en combinant une surface «crazy» avec un tissu imprimé. Dans cette nouvelle surface, on peut redécouper des carrés, des rectangles ou des losanges. Si on place ces morceaux les uns à la suite des autres en les décalant dans le sens de la longueur, cela permet de nombreuses variations.
Le premier quilt que j'ai travaillé de cette manière était *Sommergarten*. Cela me plut tellement que j'en fis une série.
Dans *Calypso*, j'ai redécoupé les blocs terminés en diagonale et les ai réassemblés.

Sommergarten

1997, 128 x 104 cm/50″ x 41″
Baumwolle, handbedruckte Baumwolle

Under Water

1997, 123 X 118 cm/48" x 46"
handbemalte Seide, Baumwolle, Seide

Lichtung

1997, 110 x 140 cm/43″ x 55″
handgefärbte und handbedruckte Baumwolle

Calypso

1999, 111 x 122 cm/44“ x 48“
handgefärbte Baumwolle

Marimekko I

1997, 120 x 128 cm/47" x 50"
Baumwolle, Marimekko-Stoffe

Marimekko II

1998, 124 x 131 cm/49" x 51"
Baumwolle, Marimekko-Stoffe

Late October

1998, 120 x 145 cm/47" x 57"
handgefärbte und -bedruckte Baumwolle

Afrika

1998, 142 x 148 cm, 56″ x 58″
Baumwolle, handbedruckte Baumwolle

Run Zebra Run

1999, 128 x 128 cm, 50" x 50"
Baumwolle, Seide

Kimono- und Papier-Quilts
1988-1999

Eines der schönsten Dinge meines Quilt-Lebens ist das Reisen. Von allen Ländern, die ich durch meinen Beruf besuchen durfte, hat mich Japan mit seinen alten Kunsthandwerken am meisten fasziniert. Die Stoffe und die Form der alten Kimonos, die mich zu *Twenty Kimonos – Plenty Kimonos* und *Kimono* inspirierten, die Färbe- und Stoffdrucktechniken sowie das handgeschöpfte Papier hatten es mir besonders angetan.
Während meiner letzten Japan-Reise – anläßlich der 5. Quilt Nihon Exhibition in Tokio im Juni 1998 – kaufte ich eine große Auswahl an handgeschöpften japanischen Papieren mit der Absicht, daraus Quilts zu machen. Ich war gespannt, ob es sich wohl in meiner Crazy-Technik nähen ließe.
Daß es dann so gut gelang, hat mich selbst erstaunt. Allerdings durften die Quilts aus Papier nicht zu groß werden, damit ich sie unter der Nähmaschine nicht knicken oder rollen mußte.
Diese kleinen Quilts haben keine Füllung und sind nur auf der Rückseite mit Seide abgefüttert, eingefaßt und mit der Maschine gequiltet. Die Quiltfäden habe ich von Block zu Block gezogen und dann in der Mitte abgeschnitten, so daß sie lose über die Oberfläche hängen.

Kimono and Paper Quilts
1988-1999

One of my favorite things of my life as a quilter is traveling. Of all the countries that I was able to visit through my profession, Japan with its ancient arts and crafts fascinated me most. The fabrics and shapes of the antique kimonos inspired me to *Twenty Kimonos – Plenty Kimonos* and *Kimono*. I liked the dyeing, the printing technique of fabric and the handmade paper the best.
During my last trip to Japan, on the occasion of the fifth Quilt Nihon Exhibition in Tokyo in June 1998, I bought a wide selection of hand-made Japanese paper intending to make quilts with it.
I was curious whether it would be possible to sew it in my crazy technique. I was truly astonished at how well it worked. But the quilts made from paper can only be made in a small format, so that they do not have to be folded or rolled under the sewing machine.
These small quilts do not have any batting , but are only backed by silk, machinequilted and binded. I drew the quilting thread from block to block, cut it in the middle and let the loose ends tangle on the surface.

Kimono et Quilts en Papier
1988-1999

Les voyages sont une des plus belles choses de ma vie de quilteuse. De tous les pays que j'ai eu l'occasion de visiter grâce à mon métier, c'est le Japon et son artisanat traditionnel qui m'ont le plus fascinée. J'ai été particulièrement séduite par les techniques de teinture et d'impression sur tissus et les papiers de fabrication artisanale. Les formes et les étoffes des kimonos anciens m'ont inspiré *Twenty Kimonos – Plenty Kimonos et Kimono.*
Lors de mon dernier voyage au Japon pour la «5. Quilt Nihon Exhibition» à Tokyo en Juin 1998, j'ai acheté un grand nombre de papiers japonais dans le but d'en faire des quilts. J'étais curieuse de voir si je pouvais les coudre avec ma technique de crazy.
Les quilts en papier ne devaient pas être trop grands car il ne fallait pas qu'ils soient pliés ou roulés dans la machine. Ces petits quilts n'ont pas de molleton et sont doublés de soie puis matelassés à la machine. Les fils de matelassage ont été tirés d'un bloc à l'autre, puis coupés et laissés libres sur la surface du quilt.
Les résultats ont dépassé mes espérances.

Detail aus *Twenty Kimonos – Plenty Kimonos*

Twenty Kimonos – Plenty Kimonos

1992 (Memories of Japan), 166 x 150 cm/65″ x 59″
vorwiegend alte japanische Kimonostoffe, Baumwolle, Seide

Kimono

1988, 230 x 205 cm/90" x 81" (dreiteilig)
Baumwolle, Seide, Chintz

Paper Quilt 7 – Kimono

1999, 50 x 60 cm/20" x 23"
handgeschöpftes Japanpapier

Paper Quilt 1

1998, 66 x 82 cm/26" x 32"
handgeschöpftes Japanpapier

Paper Quilt 2

1998, 66 x 82 cm/26" x 32"
handgeschöpftes Japanpapier

Schlußwort

Die Begeisterung und Befriedigung, die mir meine Arbeit bringt, hat in 22 Jahren nicht nachgelassen. Die Ideen gehen mir auch heute noch nicht aus! Die Spannung und Freude, wenn ich einen neuen Quilt anfange, die Stoffe und Farben dafür zusammenstelle, ist immer noch die gleiche wie vor Jahren. Es bedeutet aber auch viel Geduld und harte Arbeit, so lange an einer Sache zu sitzen bis ich damit zufrieden bin. Das gelingt am besten, wenn ich in Serien arbeite, die Ideen kommen dann wie von selbst! Trotzdem versuche ich mich ständig weiterzuentwickeln und Neues auf mich zukommen zu lassen. Ausstellungen, Reisen und Gespräche mit anderen Künstlern sind wichtig. Alle Techniken, neue Stoffe zu kreieren, interessieren mich. Und damit entstehen auch wieder neue Ideen für meine Quilts. Gerne gebe ich Erfahrungen und mein Wissen in Workshops an meine Schüler weiter. Die damit verbundenen Reisen in Europa, den USA, Japan, Australien und Israel haben mein Leben bereichert. Die Freundschaften mit Quiltern in aller Welt möchte ich nicht mehr missen. Hätte ich mir das je erträumt, als ich vor fast 25 Jahren in die USA zog? Ich bin unsagbar dankbar für alles, was sich daraus ergeben hat. Danken möchte ich auch meinem Mann Uwe, der mich von Anfang an in meiner Arbeit unterstützt und mir genug Freiraum gelassen hat, mich zu entwickeln. Das ist ihm sicher nicht immer leicht gefallen. Mit diesem Buch ist ein Traum in Erfüllung gegangen. Die darin abgebildeten Arbeiten sind eine Auswahl aus über 300 Quilts, die ich im Laufe von 22 Jahren geschaffen habe.

Conclusion

The enthusiasm and satisfaction through my work has not ceased in 22 years. I still have plenty of ideas. The thrill and pleasure when I start with a new quilt, picking the colors and fabrics is still the same as years ago. A lot of hard work and patience is required to finish a project with which I am satisfied. The projects are easiest when I work in series, and the ideas evolve freely on their own.
Nevertheless, I constantly try to progress and let new things inspire me. Exhibitions, journeys and talks with other artists are important to me. I find all kinds of techniques to make new fabric interesting. And, out of new fabrics, new ideas for quilts evolve.
I love to pass on my experience and my knowledge to students in workshops.
The resulting voyages through Europe, the U.S.A., Japan, Australia and Israel have enriched my life. I do not want to go without the friendship with quilters all over the world. Could I have ever anticipated this when I moved to the U.S.A. twenty-five years ago? I am immensely grateful for all that resulted.
I also want to thank my husband Uwe, who has supported me in my work right from the beginning and who always left me enough freedom for my personal development. I am sure that has not always been easy for him. This book is a dream come true. The depicted quilts are a selection of over 300 quilts which I created over the last twenty-two years.

Conclusion

Après 22 ans, l'enthousiasme et la satisfaction ne m'ont pas quittée et j'ai toujours le même foisonnement d'idées. La tension et la joie qui accompagnent le commencement d'un quilt lorsque je choisis les couleurs et les tissus sont restées intactes. Beaucoup de patience et de travail me sont nécessaire jusqu'à ce que je sois satisfaite de mon travail; c'est le travail en séries qui me convient le mieux car les idées jaillissent d'elles-même.
J'essaie néanmoins d'évoluer sans cesse et de rester ouverte à la nouveauté par le biais d'expositions, de voyages et d'échanges avec d'autres artistes. Toutes les techniques m'intéressent ainsi que la création de nouveaux tissus toujours porteurs d'idées nouvelles.
Je transmets avec plaisir mon savoir-faire et mes expériences à mes élèves au cours de stages que je donne en Europe, aux U.S.A., au Japon, en Australie et en Israël; c'est pour moi une source perpétuelle d'enrichissement. Le réseau d'amitiés que j'ai tissé avec des «quilters» du monde entier est un véritable bonheur auquel je n'aurais jamais rêvé voilà 25 ans, lorsque j'ai déménagé aux U.S.A., et j'en éprouve une profonde reconnaissance.
J'aimerais remercier mon mari Uwe qui m'a soutenue dans mon travail dès le commencement et qui m'a laissé suffisamment d'espace pour m'épanouir. Cela n'a sûrement pas dû être toujours facile pour lui!
Ce livre m'a permis de concrétiser un rêve. Les oeuvres qui y sont présentées sont une sélection parmi plus de 300 quilts que j'ai créés pendant 22 années.

Biographie

Dorle Stern-Straeter

1939
geboren in Elsenz/Baden

1976-1982
USA Aufenthalt

1978
Beschäftigung mit traditionellen Quilts

1979
Schülerin von Jeffrey Gutcheon, New York, USA

1980
Schülerin von Michael James, Somerset, Massachusetts, USA

seit 1980
freischaffend

seit 1982
Mitglied der GEDOK, München

1983-1988
Aufenthalt in Saudi Arabien

seit 1988
wohnhaft in München
Mitglied der Gruppe STOFF
Mitglied der Patchwork Gilde Deutschland e.V.

Biography

Dorle Stern-Straeter

1939
born in Elsenz/Baden

1976-1982
stay in the U.S.A.

1978
work on traditional quilts

1979
student of Jeffrey Gutcheon, New York, U.S.A.

1980
student of Michael James, Somerset, Massachusetts, U.S.A.

since 1980
working as an independent artist

since 1982
member of the GEDOK, Munich

1983-1988
stay in Saudi Arabia

since 1988
living in Munich/Germany
member of the group STOFF,
member of Patchwork Gilde Deutschland e. V.

Biographie

Dorle Stern-Straeter

1939
née à Elsenz/ Baden

1976-1982
séjour aux Etats-Unis

1978
Découverte du patchwork traditionnel

1979
Elève de Jeffrey Gutcheon, New York, USA

1980
Elève de Michaël James, Massachusetts, USA

Depuis 1980
artiste indépendante

Depuis 1982
membre du GEDOK, Münich

1983-1988
séjour au Arabie Saoudite

Depuis 1988
vit à Münich (Allemagne)
membre du groupe STOFF
membre de la Patchwork Gilde Deutschland e. V.

Detail aus *Graffiti VII*

Einzelausstellungen
Solo exhibitions
Expositions en solo

1980 HURLBUTT GALLERY, Greenwich, USA

1981 RYE LIBRARY, Rye, N.Y., USA

1982 TEXTILMUSEUM Heidelberg-Ziegelhausen
MÖBELHAUS ID, Berlin

1983 GALERIE IM MÖBELHAUS SCHERER, Freiburg
AMERIKAHAUS, München
GALERIE MEISSNER EDITION, Hamburg
ALTES RATHAUS KEMNATH bei Stuttgart

1985 DEUTSCHES KULTURZENTRUM
Jeddah, Saudi Arabien

1987 WOMENS CLUB, Rhiad, Saudi Arabien

1989 GALERIE IM MÖBELHAUS KRÄMER, Freiburg

1991 GOLF-CLUB MÜNCHEN-EICHENRIED

1994 BÜRGERZENTRUM BRUCHSAL
CUSANUS-GEBURTSHAUS, Bernkastel-Kues

1995 GALERIE WORKSHOP Hannover e.V., Hannover
LANDESINSTITUT FÜR SCHULE UND WEITERBILDUNG, Soest

1996 GALERIE VILLA MARIA, Bad Aibling

1998 SCHACHEN GALERIE, Oensingen, Schweiz
DRESDNER BANK, Nürnberg

1999 GALERIE IM MÖBELHAUS KRÄMER, Freiburg
SEAMGALLERY, Moshav Megadim, Israel

Gruppenausstellungen
Group exhibitions
Expositions de groupe

Teilnahme an zahlreichen Gruppenausstellungen in den USA

1981 QUILT NATIONAL, Athens, Ohio, USA

1984 1. DEUTSCHE QUILTBIENNALE
Heidelberg-Ziegelhausen

1986 GEDOK-AUSSTELLUNG
Staatliche Kunsthalle, Berlin
GEDOK-AUSSTELLUNG, Freiburg
2. DEUTSCHE QUILTBIENNALE
Heidelberg-Ziegelhausen

1988 Preisträgerin der QUILT EXPO I
Salzburg, Österreich

1989 3. DEUTSCHE QUILTBIENNALE
Heidelberg-Ziegelhausen
VISIONS OF THE WORLD
Morris-Museum, Morristown, N. J., USA
EINSCHNITTE, 1. Gilde-Ausstellung, Berlin
QUILT NATIONAL, Athens, Ohio, USA
GEDOK-AUSSTELLUNG der Gruppe STOFF, Hamburg
QUILT EXPOSITION
Musée Guimet, Lyon, Frankreich
QUILT-AUSSTELLUNG der Gruppe STOFF
Betrange, Belgien

1990 GEDOK-AUSSTELLUNG
in der Versicherungskammer, München
QUILT-AUSSTELLUNG, Paris, Frankreich
QUILT EXPO II, Odense, Dänemark
GEDOK-AUSSTELLUNG, Köln
A GLORY OF QUILTS
Shipley Art Gallery, Gateshead, England
QUILT FESTIVAL HOUSTON, Texas, USA
SWISS QUILT, Bern, Schweiz
EUROPA QUILTS, Leuven, Belgien
QUILTERS FEELINGS 90, Lelystad, Holland

1991 4. DEUTSCHE QUILTBIENNALE
Heidelberg-Ziegelhausen
WANDERAUSSTELLUNG DER DRESDNER BANK, Nürnberg

ART TEXTILE CONTEMPORAIN
Toulouse, Frankreich
QUILT SUMMIT 91, Tokio, Japan

1992 NEW WAVE EXHIBITION
Tokio, Japan und Kalifornien, USA
VISIONS 92, San Diego, Kalifornien, USA
GALERIE KREUTERHOF, Islikon, Schweiz
GEDOK-AUSSTELLUNG
in der Versicherungskammer, München
SHIPLEY ART GALLERY,
Gateshead, England
QUILT EXPO III, Den Haag, Holland

1993 QUILT EUROPA, Montpellier, Frankreich
EUROPA QUILTS, Leuven, Belgien
QUILT NATIONAL, Athens, Ohio, USA
5. DEUTSCHE QUILTBIENNALE
Heidelberg-Ziegelhausen
TRADITION UND MODERNE
2. Gilde-Ausstellung, Berlin
NEW WAVE QUILT EXHIBITION
Brea, Kalifornien, USA
4. GRÖBENZELLER QUILTAUSSTELLUNG
München
EUROPÄISCHE PATCHWORK-QUILTS
Galerie del Mese-Fischer, Schweiz
GEDOK-AUSSTELLUNG
in der Versicherungskammer, München

1994 PATCHWORK-QUILTKUNST
Museum Koenig, Bonn
QUILT EXPO IV, Karlsruhe
VISIONS 94, San Diego, Kalifornien, USA
NASA RESEARCH CENTER Mountain View,
Kalifornien, USA
TRADITION UND MODERNE
3. Gilde-Ausstellung, München, Hannover
QUILT ART
Heidelberg und Houston, Texas, USA

1995 6. DEUTSCHE QUILTBIENNALE
Heidelberg-Ziegelhausen
EUROPÄISCHES PATCHWORK
St. Croix-aux-Mines, Frankreich
ROUND TOP CENTER FOR THE ARTS
Maine, USA
GEDOK-AUSSTELLUNG, Hamburg
MODERNE DEUTSCHE QUILTS IN JAPAN,
Tokio, Japan

1996 SEIDENMUSEUM WOUW, Holland
GRÖBENZELLER QUILTAUSSTELLUNG,
München
INTERNATIONAL QUILT FESTIVAL
Houston, Texas, USA
QUILT EXPO V, Lyon, Frankreich
SEIDENMUSEUM, Lyon, Frankreich
EXPOSITION PATCHWORK
Chateau du Vullieres, Schweiz
MUSEE DU TAPIS D'ART
Clermont-Ferrand, Frankreich
11. SWISS QUILT INTERNATIONAL
Bern, Schweiz
CONSUMENT ART 96, Messe Nürnberg
FESTIVAL EUROPEEN DE QUILTS
CONTEMPORAINS, Paris, Frankreich
VISIONS 96, San Diego, Kalifornien, USA
GEDOK-AUSSTELLUNG
„Inspiration Natur", Hannover
TRADITION UND MODERNE
4. Gilde-Ausstellung, Dortmund, Dresden

1997 7. DEUTSCHE QUILTBIENNALE
Heidelberg-Ziegelhausen
EUROPEAN ART QUILTS
Textilmuseum Tilburg, Holland
SCHACHEN GALERIE, Oensingen, Schweiz
5. INTERNATIONAL QUILT WEEK
Yokohama, Japan
CHATEAU DE GRAMONT,
Gramont, Frankreich

1997 PATCHWORK QUILT-KUNST
Museum König, Bonn
„SPARKS", Kfar Saba, Israel
QUILT EXPO VI, Innsbruck, Österreich

1998 WORLD QUILT & TEXTILE:
Pasadena, Kalifornien, USA
5th QUILT NIHON EXHIBITION,
Tokio, Japan
QUILT ART, Textilmuseum Heidelberg-
Ziegelhausen
VISIONS 98, San Diego, Kalifornien, USA
TRADITION UND MODERNE:
5. Gilde-Ausstellung, Konstanz, Dresden
QUILT AUSSTELLUNG
Schloß Neubechburg, Oensingen, Schweiz

1999 ART TEXTILE CONTEMPORAIN, St. Goazec, Frankreich
THE BALTIC SEA COUNTRIES QUILT EXHIBITION, Vilnius, Litauen
EXPOSITION PATCHWORK, Château du Vullieres, Schweiz
QUILT & ART, Mülheim/Main
EUROPEAN ART QUILTS, The Devon Guild of Craftsmen, Devon, Großbritannien
QUILTS IN BLOOM, Insel Mainau
BRÜCKEN SCHLAGEN, Schwarzes Kloster, Freiburg i.Br.
EIGEN ART , Lienz, Österreich
6th INTERNATIONAL QUILT WEEK Yokohama, Japan
QUILTS 99, Jahrhunderthalle Hoechst, Frankfurt
EUROPEAN PATCHWORK MEETING, Ste.-Marie-aux-Mines, Frankreich

Soloausstellung im Einrichtungshaus Krämer, Freiburg, April 1999

Veröffentlichungen
Publications
Publications

1982 „The Quiltmaker's Art!", Joanne Mattera, Lark Books, USA

„Patchwork und Quilts", Barbara Roemer, HauptVerlag, Schweiz

1986 „Patchwork Quilt", Galerie Europäischer Künstler, Schnuppe von Gwinner, Textilforum, Deutschland

1987 „Die Geschichte des Patchworkquilts", Schnuppe von Gwinner, Keysersche Verlagsbuchhandlung, Deutschland

1991 „QUILTING", Dorothy Osler, Merehurst Ltd., Großbritannien

„Patchwork", Friederike Kohlhaussen, Englisch Verlag, Deutschland

1992 „New Wave Quilt", Setsuko Segawa, USA

1994 „88 Leaders of the Quilt World today", Nihon Vogue Co., Japan

„Patchwork Persuasion", Joen Wolfram, C&T Publishing, USA

1997 „THE ART QUILT", Bob Shaw, Hugh Lauter Levin Ass., USA

1999 „SILK QUILTS", Hanne Vibeke de Koning-Stapel, The Quilt Digest Press, USA

1991, 1995 und 1999 THE FIBERARTS DESIGN BOOK FOUR, FIVE UND SIX, Lark Books, USA

2000 „Quilts from Europe", Projects and Inspiration Gül Laporte, C&T Publishing, USA

Veröffentlichungen in zahlreichen Zeitschriften und Katalogen

Preise
Prizes
Prix

1980 MEDAILLON QUILT, 1. Preis, Easter Seal Needlework Show, New York, USA

MIDSUMMERNIGHTS DREAM, 1. Preis

MEDAILLON QUILT, 2. Preis
Quilter Corner Exhibit, Tappan, New York, USA

1981 LOTUS, Best of Show, Greenwich Art Center, USA

RAINY DAY, 1. Preis, Womans Club
Art Show, Hastings-on-Hudson, USA

1988 DESERT VILLAGE, QUILT EXPO I, Salzburg, Österreich

1998 IM SCHILF, Neu-Bechburg Preis für Quiltkunstgroßformate, Schachen Galerie, Oensingen, Schweiz

Die Autorin

Dorle Stern-Straeter ist die renommierteste Quiltkünstlerin Deutschlands. Durch ihre selbst entwickelte Crazy-Technik hat sie auch weltweit höchste Anerkennung erlangt. Kaum eine internationale Quiltausstellung, in der sie nicht vertreten ist. Zahlreiche Einzelausstellungen und unzählige Gruppenausstellungen machten sie nicht nur in Europa, sondern auch in den USA, Israel, Saudi Arabien, Australien und Japan bekannt. Viele ihrer Werke wurden in den verschiedensten Büchern und Publikationen veröffentlicht. Dorle Stern-Straeter ist durch ihre fachliche Kompetenz eine gefragte Jurorin bei renommierten Textilwettbewerben weltweit und hat auch selbst schon etliche Preise gewonnen. Doch ist sie nicht nur überaus kreativ im Schaffen ihrer phantastischen Quilts mit der so typischen Handschrift, sondern sie gibt als engagierte Botschafterin der Textilkunst ihr Wissen auch in vielen internationalen Vorträgen und Workshops weiter.
Mit diesem Buch liegt nun erstmals ein repräsentativer Querschnitt durch ihre verschiedenen Schaffensperioden vor.
In zweiundzwanzig Arbeitsjahren hat Dorle Stern-Straeter über 300 Quilts geschaffen.
Sie beschreibt ihren Werdegang, einzelne Arbeitstechniken und stellt über 95 Quilts in Farbphotos vor.

Mit einem Vorwort von Michael James, amerikanischer Textilkünstler und -lehrer.

The author

Dorle Stern-Straeter is the most well-known quilt artist in Germany, who, through her selfdeveloped crazy patchwork technique, also enjoys worldwide recognition. There is hardly an international quilt show in which she does not participate. She has gradually become known through numerous one-woman quilt shows and countless group shows not only in Europe but also in the U.S.A., Australia, Israel, Saudi Arabia and Japan. Many of her works have been published in various books and publications.
Due to her recognized competence Dorle Stern-Straeter is a requested juror in fabric art categories world-wide. She, herself, has won prizes in past competitions. Not only is she creative with her signature style but also is active conveying her quilt experience through lectures and workshops around the world.
A representative sample of the stages of her work is presented, for the first time, in this book. Throughout the book Dorle Stern-Straeter describes her development through the course of twenty-two years and working techniques that have resulted in over 300 quilts. An array of 95 photographs portrays her work.

The forword is written by an American fabric artist and teacher, Michael James.

L'écrivain

Dorle Stern-Straeter est la quilteuse la plus renommée en Allemagne. Grâce à sa technique originale du «crazy», elle est mondialement connue et appréciée. Elle est régulièrement représentée dans les expositions internationales. De nombreuses expositions de ses oeuvres ainsi que des expositions réunissant divers artistes, lui ont valu une notoriété en Europe ainsi qu'aux U.S.A., en Israël, Arabie Saoudite, en Australie et au Japon. Ses oeuvres ont été publiées dans différentes éditions. De par sa compétence, Dorle Stern-Straeter a reçu, à diverses reprises, des prix lors de concours de patchwork. D'autre part, elle est régulièrement sollicitée pour participer au jury de tels concours. L'artiste montre, sans aucun doute, un grand talent de créateur; ses quilts portent une marque très typique. De plus, elle se fait l'ambassadrice passionnée de l'art du quilt en transmettant son expérience à l'occasion de conférences et de stages internationaux. Ce livre permet de suivre les étapes de ses créations au cours de 22 années de travail. Pendant cette période, Dorle Stern-Straeter a créé plus de 300 quilts. Elle décrit ici son évolution ainsi que ses techniques à travers 95 reproductions.

Préface de Michaël James, artiste et écrivain américain.